Tage die kälter werden
Nacht die uns umfängt
Gut wenn da einer zum andern
Kommt und ihm Liebe schenkt

Die Welt steht ein bisschen stille
Die Zeit hält den Atem an
Wir entzünden ein Licht im Dunkeln
und wärmen uns daran

DORIS BEWERNITZ

# Frohe Weihnacht überall

*Das festliche Lesebuch*

AUSGEWÄHLT UND HERAUSGEGEBEN
VON ULRICH SANDER

Patmos Verlag

**VERLAGSGRUPPE PATMOS**

**PATMOS**
**ESCHBACH**
**GRÜNEWALD**
**THORBECKE**
**SCHWABEN**
**VER SACRUM**

Die Verlagsgruppe
mit Sinn für das Leben

Für die Verlagsgruppe Patmos ist Nachhaltigkeit ein wichtiger Maßstab ihres Handelns. Wir achten daher auf den Einsatz umweltschonender Ressourcen und Materialien.

Alle Rechte vorbehalten
© 2017 Patmos Verlag,
ein Unternehmen der Verlagsgruppe Patmos
in der Schwabenverlag AG, Ostfildern
www.patmos.de

Gesamtgestaltung: Finken & Bumiller, Stuttgart
Druck: GGP Media GmbH, Pößneck
Hergestellt in Deutschland
ISBN 978-3-8436-1008-7

# Einladung

Am Ursprung von Weihnachten steht ein merkwürdiger Satz: »Siehe, ich verkünde euch eine große Freude!« Der Engel spricht ihn in der Weihnachtsgeschichte zu den Hirten auf Bethlehems Feldern. Merkwürdig, denn Freude ist ja nichts, das »auf Kommando« geschieht, selbst wenn es der Befehl eines Engels wäre! Aber es handelt sich auch gar nicht um eine Aufforderung, sondern um eine Einladung, sich Augen und Ohren öffnen zu lassen für die Quelle einer Freude, die im Verborgenen liegt. Ein unscheinbares Kind im ärmlichen Heu – wer die Sinne der Seele öffnet, sieht den Stern über dem Stall, hört in der stillen Nacht himmlische Musik. Wie die Welt aussieht, wenn Weihnachten wird: Davon erzählen die Gedichte, Geschichten und Gedanken dieses Lesebuchs alle auf ihre Weise.

»Eine große Freude«: Wie kein anderes Fest ist Weihnachten ein Fest der Vorfreude: Die Schritte auf das Fest zu, die adventlichen Lichter und Lieder, die Überlegungen, wie und wem wir an Weihnachten eine Freude machen können – das alles gehört schon zum Fest. Ebenso wie die Sehnsucht nach einer Welt, in der das Licht stärker ist als alles Dunkel. Weihnachten ist eine Friedensbewegung: ohne Gewalt und laute Krawalle, sondern als Spiegel der leisen und nachhaltigen Hoffnung, für die wir Raum schaffen, damit wir ihre Stimme wieder hören.

»Eine große Freude«: Viele führt das Weihnachtsfest in die Erinnerung der Kindheit zurück und sie versuchen, den eigenen Kindern bleibende Erinnerungen zu schenken. Das ist mehr als eine romantische Nostalgie, denn die Weihnachtsfreude berührt tatsächlich den Ort in uns, an dem wir Kind sind und werden dürfen. Den Ort einer inneren Heimat, die bleibt, wenn das Leben so manche Zelte über uns abbricht.

»Eine große Freude«: Weihnachten ist nicht die Feier des verklärten Blicks zurück, sondern das Fest des neuen Anfangs. Wenn an Weihnachten der Himmel auf die Erde gekommen ist, dann wird alles möglich: im neuen Jahr, im eigenen Leben. Die stille »Zeit zwischen den Jahren« ist eine gute Gelegenheit, ein wenig nachzusinnen, welche Kräfte ich fürs neue Jahr in mein Leben einladen will ... Dazu geben die Autorinnen und Autoren dieses festlichen Lesebuchs einige Hinweise.

Ich wünsche Ihnen wache Herzen für die helle Freude von Weihnachten!

*Ulrich Sander*

# Inhalt

## *Leise Hoffnung*

ANDREA SCHWARZ
Lauschen 14

THOMAS KNÖLLER
Leiser Start 15

PIERRE STUTZ
Im Haus der Welt 16

STEFAN WEIGAND
Think big! 18

EVA-MARIA LEIBER
Fürchtet euch nicht! 19

EVA-MARIA LEIBER
Kinderfriedenslied 20

HEINRICH BEDFORD-STROHM
Freude, die uns rettet 21

ÜBERLIEFERT
Weglied  25

HUUB OOSTERHUIS
Ihr Lied verstummt nicht  26

CORNELIS KOK
Magnifikat  28

CHRISTOPH SCHÖNBORN
Zeit der Hoffnung  30

ANDREA SCHWARZ
Heilige Nacht  33

## *Helle Freude*

HUUB OOSTERHUIS
Sohn der Tora, heut' geboren  36

SIBYLLE HARDEGGER | STEPHAN SIGG
In Bethlehem geboren  40

HILDEGARD KÖNIG
Habenichtse  46

CHRISTOPH SCHÖNBORN
Hin- und hergeschoben 48

MARGOT KÄSSMANN
Martin Luther und das Weihnachtsfest 51

HILDEGARD KÖNIG
Schöne Bescherung 57

HEINRICH BEDFORD-STROHM
Geschenkte Freiheit 58

CHRISTA SPILLING-NÖKER
Weihnachtssegen 67

ULRIKE WOLITZ
Das Weihnachtsloch 68

## *Wache Herzen*

MAX BOLLIGER
Eine Wintergeschichte 72

DORIS BEWERNITZ
Die Botschaft des Esels 76

CATARINA CARSTEN
Noch ein Wunder  78

MAX FEIGENWINTER
Kind sein dürfen  81

KATHARINA HEROLD
Das Märchen vom Nussknacker  82

RAINER HAAK
Das Wunder der Heiligen Nacht  87

CLAUDIA PETERS
Sternstunden  93

## *Neue Wege*

FRANZISKUS
Kurze Frohbotschaften  96

NIKLAUS BRANTSCHEN
Vom Umgang mit der Zeit  97

DORIS BEWERNITZ
Alles ist gleichzeitig da  99

MARTIN KÄMPCHEN
Dankbar leben 100

PIERRE STUTZ
Das eigene Leben leben 105

ERICH SCHECHNER
Sinnvoll leben 109

HILDEGARD KÖNIG
Was wäre ... 112

GISELA MATTHAEI
Vorsätze fürs neue Jahr 114

JÖRG ZINK
Die Glocken des neuen Jahres 116


Autorinnen und Autoren 121
Quellen 123

# Leise Hoffnung

# Lauschen

ANDREA SCHWARZ

Für viele sind diese Tage sehr umtriebig und manchmal auch laut: »Jingle Bells«, die Suche nach Geschenken, der Kampf um den freien Parkplatz, die Einkaufslisten vor den Feiertagen, das Schreiben der Weihnachtspost – es gibt genug zu tun in diesen Tagen. Aber ob wir da immer das Richtige tun? Advent ist die Einladung zum »Lauschen« auf die leisen Töne. Da sind die Lieder der Sehnsucht und Verheißung und die uralten Texte der Hoffnung. Da sind die leisen Stimmen von Menschen auf der Flucht, auf dem Sterbebett, einsam in einer kalten Wohnung. Da ist das Hinhören auf die Stimme Gottes in mir, auf sein leises Werben, das mich meint. Seine Fragen, seine Worte der Liebe. Um lauschen zu können, muss man still werden. Die Heilige Nacht ist eine »stille Nacht«. Damit könnte man es ja in diesen Tagen schon einmal probieren: mich in eine Kirche setzen und ruhig werden, in der Küche am noch nicht abgeräumten Frühstückstisch eine Kerze anzünden, am Abend für ein paar Minuten vor der Tür stehen und zum Himmel schauen ... lauschen.

# Leiser Start

THOMAS KNÖLLER

Gott ist ein Schlawiner. Er hält sich nämlich nicht an den Kalender. Ich hab immer gedacht, nach Silvester wäre das Jahr zu Ende. Dabei beginnt für Gott das neue Jahr schon Anfang Dezember. Genau genommen am 1. Advent. Ich finde, da hat Gott schon ein verrücktes Timing. Wie soll irgendjemand mitten im Vorweihnachtsstress mitbekommen, dass Gott gerade neu angefangen hat? Und was bringt es ihm, den Neustart einen Monat vorzuverlegen? Was würde es mir bringen, den Neustart vorzuverlegen? Das Jahr endet trotzdem an Silvester, auch wenn Gott schon früher neu startet. Ich glaube aber, das Signal ist: Das, was neu beginnt, steckt immer schon in dem drin, was zu Ende geht. Ende und Anfang berühren sich. Etwas Neues ist oft schon da, auch wenn das Alte noch nicht zu Ende ist. Und wenn irgendwann auch in meinem Ende schon ein Neuanfang drinsteckt, dann hat's Gott echt drauf.

# Im Haus der Welt

PIERRE STUTZ

---

Ida schenkt mir ein Adventsgesteck. Sie hat es selber zusammengestellt und sie lässt mich Anteil nehmen an dem Gestaltungsprozess: »Die Tannenzapfen habe ich im Sommer in Südfrankreich gesammelt, die Steine stammen vom Ufer des Murtensees, die kleinen Pflanzen, die weiterhin auf Wasser angewiesen sind, hole ich in der Areuseschlucht ...«

Dieses äußere Zeichen, diese adventliche Schale mit einer Kerze in der Mitte erleichtert mir, ganz konkret mehr bei mir zu Hause zu sein. Es ist mir ein Symbol meines Angewiesenseins auf Beziehungen und auf ein tieferes Eingebundensein in der Schöpfung. Nur so kann ich wirklich zur Ruhe kommen. Denn ich entferne mich dabei nicht von den anderen, sondern ich kann sie lassen und innerlich ruhig werden, weil ich angesichts einer brennenden Kerze im Hier und Jetzt die Kraft der Ewigkeit spüre.

Darum ist es sinnvoll, in der Adventszeit im Haus, in der Wohnung, im Zimmer, am Arbeitsplatz durch äußere Zeichen meiner inneren Ausrichtung einen

Ausdruck zu verleihen. Je einfacher und natürlicher die Zeichen sind, umso mehr fördere ich eine echte Atmosphäre der Mitmenschlichkeit, in der ich und andere sich wohlfühlen können. So wird die Adventszeit zur Erinnerungszeit an all die gemeinsamen Erlebnisse, die uns mehr Mensch werden ließen. Danach sehnt sich unser Seelenhaus.

Bei sich selber zu Hause sein entfernt mich nicht den Mitmenschen. Ganz im Gegenteil, es lässt mich die tiefere Verbundenheit mit aller Kreatur erfahren, besonders auch mit Menschen in Not.

Darum täuschen uns adventliche Texte keine heile Welt vor. Sie ermutigen uns, in der Spannung von Verletzlichkeit und Solidarität die Gratwanderung der Menschwerdung zu begehen. Mensch werden heißt verletzlich bleiben, verwundbar. Mensch werden heißt solidarisch bleiben, um auch angesichts von Krankheit und Tod intensivstes Leben zu erfahren. Mensch werden heißt, täglich das Leben mit seinem Licht und seinem Schatten zu feiern. Mit-Mensch werden heißt, sich für das »Haus der Welt« zu engagieren.

# Think big!

STEFAN WEIGAND

—

Dann wohnt der Wolf beim Lamm, der Panther liegt beim Böcklein. Kalb und Löwe weiden zusammen, ein kleiner Knabe kann sie hüten.« Wer im Advent einen Gottesdienst besucht hat, wird vielleicht diesen Vers aus der Bibel gehört haben.

Der Prophet Jesaja hat ihn vor mehr als 2700 Jahren geschrieben. Im Grunde genommen ist es eine verrückte Vision von der Welt: Die größten Feinde können gut miteinander auskommen. Wolf und Lamm, Kalb und Löwe leben in Frieden.

Man könnte das leicht als Spinnerei abtun, vor allem dann, wenn man die Kombinationen erweitert und politische Lager einsetzt, sich die Arsenale der Atomraketen in Erinnerung ruft, die Konflikte im Nahen Osten in den Blick nimmt oder einfach an den blöden Streit in der Nachbarschaft denkt.

Was die Worte uns aber schenken, ist der Mut, den Blick zu heben und in die Weite zu schauen. Nicht nur klein-klein zu denken und zu handeln, sondern zu hoffen, dass die Welt auch einmal gut sein kann.

Zwar nicht ohne Verschiedenheit – dafür aber ohne Kriege, ohne Streit.

Ich weiß nicht, wann oder ob das je eintreten wird. Ich weiß aber, dass es sich lohnt, zu hoffen und selbst einen Beitrag dazu zu leisten, dass jeder Einzelne auf dieser Erde glücklich und zufrieden sein kann.

# Fürchtet euch nicht!

EVA-MARIA LEIBER

Jesajas Traum vom Frieden ist aktueller denn je.
Steckt Jasminblüten in die Gewehrläufe
und vertreibt die Angst aus euren Herzen.
Legt ab allen Streit, allen Hass, allen Zank,
geht immer der Liebe entlang:
Nur sie führt zum Kind von Betlehem.

# Kinderfriedenslied

EVA-MARIA LEIBER

---

Taube, kleine Taube, flieg
sing dem Kind dein Lied
Liebeslied, Friedenslied
dass ihm nichts geschieht

Taube, kleine Taube, flieg
Flügel bring dem Kind
stark genug, weit genug
auch im schlimmsten Wind

Taube, kleine Taube, flieg
schenk dem Kind dein Licht
Licht der Hoffnung, des Vertrauens
fürchte, fürcht dich nicht

# Freude, die uns rettet

HEINRICH BEDFORD-STROHM

---

Freude ist das Grundgefühl, mit dem wir auf Weihnachten warten. Und auch wenn ich das eine oder andere noch zu tun habe vor dem Fest, auch wenn ich in den letzten Wochen sehr beschäftigt bin mit den Vorbereitungen für diesen Tag: Ich spüre so etwas wie Vorfreude. Vorfreude auf unseren Gott, dessen Ankunft wir in dem Kind in der Krippe erwarten.

Manche tun sich schwer mit dieser Vorfreude. Weil ihnen die christlichen Bräuche und Traditionen fremd geworden oder unverständlich sind. Oder wenn sie hinter all dem, was die Feiertage begleitet, das nicht mehr finden, was den Sinn von Weihnachten ausmacht.

Manchmal wird die Vorfreude auch getrübt durch etwas, was uns bedrückt, was uns das Herz schwer macht. Oder sie will sich nicht einstellen, weil all das, was wir noch erledigen wollen, zu viel zu werden droht.

Das Lukasevangelium berichtet in seinem ersten Kapitel: Auch Maria bereitet sich vor auf die Ankunft ihres Kindes. Sie stellt sich ein auf das, was da auf sie zukommt, indem sie ihre Verwandte, Elisabeth, besucht. Deren ungeborenes Kind, Johannes der Täufer, hüpft vor Freude im Bauch seiner Mutter Elisabeth. Und Maria antwortet darauf: »Mein Geist freut sich Gottes, meines Heilandes!« (Lukas 1,47).

Auch in diesen Worten Marias ist von der Freude die Rede, von der Vorfreude auf den, der der Grund unserer Freude ist. Es hat eine Weile gedauert, bis bei Maria diese Vorfreude aufkam. Das Lukasevangelium berichtet auch, wie erschrocken sie zunächst ist, als der Engel zu ihr tritt. Es ist ihr unverständlich, was da auf sie zukommt. Und was der Engel ihr ankündigt, droht erst einmal zu viel für sie zu werden. Jetzt aber erfüllt sie eine große Freude. Diese Freude erst macht es ihr möglich, zu verstehen und auszusprechen, was sie erwartet, was sie erhofft. Maria wird uns mit diesen Worten zur Schwester im Geist: »Mein Geist freut sich Gottes, meines Heilandes!«

Und gerade, wenn uns das noch schwerfallen sollte, ist es gut, auf die Worte zu hören, die im Lukasevangelium als der Lobgesang Marias überliefert sind. Denn sie malen mit wunderbaren Bildern den Grund der Freude vor Augen. »Meine Seele erhebt den Herrn. Denn er hat die Niedrigkeit seiner Magd angesehen«, bekennt Maria.

Wer an einer schmerzvollen Krankheit leidet, wer erschrickt angesichts des Todes – des eigenen oder des eines geliebten Menschen –, darf auf Gott schauen und wissen: Gott sieht mich in allem, was mich belastet. Er denkt an seine Barmherzigkeit. Die aus ihren Heimatländern vor Krieg und Gewalt fliehen, hat Gott im Blick. Und wem ihr Schicksal in der Seele wehtut, den ermutigt Gott, sie nicht aus dem Blick zu verlieren. Von dem, der sich schuldig fühlt oder verlassen, der sich möglicherweise fürchtet vor dem Weihnachtsfest, das so ganz anders verlaufen wird, als er es sich erhofft hat, von dem wendet Gott die Augen nicht ab und hilft ihm auf. Denn er hat die Niedrigkeit seiner Magd und mit ihr unser aller Niedrigkeit angesehen!

Ganz erfüllt von der Freude an Gott, findet Maria Worte für das, was sie erhofft: Gott stößt die Gewaltigen vom Thron und erhebt die Niedrigen. Die Hungrigen füllt er mit Gütern und lässt die Reichen leer ausgehen. Den Armen verheißt Gott, dass ihre Missachtung ein Ende haben wird. Und wer Macht hat, wer sich selbst erhöht hat oder wen andere auf einen Thron erhoben haben, darf heruntersteigen, um den Menschen um ihn herum nahe sein zu können. Wer scheinbar alles hat, darf erkennen, wie leer die Hände sind, wenn sie an dem festhalten, was ihr Besitz ist, und wie reich das Leben stattdessen wird, wenn Hände lernen zu teilen. Die Hochmütigen steigen herab vom Thron, die Armen werden erhöht. Am Ende können sich alle in die Augen sehen und in

Würde miteinander leben. Was für eine lebensfreundliche Vision, von der am Ende alle profitieren!

Ja, es verändert sich etwas, wenn Gott in unser Leben tritt, wenn die Weihnachtsvorfreude sich in unseren Herzen ausbreitet, so wie sie sich bei Maria ausgebreitet hat. Wie lebensrettend das ist, verstehen wir umso mehr, wenn wir darauf schauen, was geschieht, wenn wir uns von dieser Freude, dieser Hoffnung entfernen. Wir erschrecken darüber, wie viel Leid Menschen einander antun können, wenn ein Einzelner, wenn ein Volk, eine Weltanschauung, eine Religion glaubt, sich über eine andere erheben zu dürfen.

Die Freude an Gott, der in Jesus Christus Mensch geworden ist, die Freude an Gott, der Reiche und Arme zueinander bringt, die Freude an Gott, der an die Stelle von Gewalt die Liebe setzt, ist die größte Friedenserklärung, die wir Christen heute der Welt gegenüber abgeben können.

Deswegen dürfen wir gerade in einer Welt, in der viel Leid herrscht, der Aufforderung zur Freude von Herzen folgen. Es ist die Freude über einen Gott, der zu uns kommt als kleines, wehrloses Kind und damit ein Zeichen setzt, das die Welt verändert.

Das Licht, das damit angezündet ist und das in der Dunkelheit von Krieg und Gewalt scheint, kann keiner mehr auslöschen.

ÜBERLIEFERT

Maria durch ein Dornwald ging,
Kyrie eleison.
Maria durch ein Dornwald ging,
der hat in sieben Jahrn kein Laub getragen.
Jesus und Maria.

Was trug Maria unter ihrem Herzen?
Kyrie eleison.
Ein kleines Kindlein ohne Schmerzen,
das trug Maria unter ihrem Herzen.
Jesus und Maria.

Da haben die Dornen Rosen getragen,
Kyrie eleison.
Als das Kindlein durch den Wald getragen,
da haben die Dornen Rosen getragen.
Jesus und Maria.

# Ihr Lied verstummt nicht

HUUB OOSTERHUIS

———

Gabriel, stehend vor dem Thron aus Licht,
der Feuervogelengel, Bote Gottes.

Maria: Da in ihrer Herzenskammer
– in Nazaret, ein Fleck in Galiläa –,

steht er vor ihren Augen: Sei gegrüßt,
erfreue dich, Begnadete: der Gott
von Abraham, von Mose und Elija,
›Ich werde da sein‹, ist mit dir.

Fürchte dich nicht. Du wirst in deinem Schoß
empfangen, und du wirst gebären
ein Kind, das ›Gott befreit‹ gerufen wird,
Jesus, Messias, Knecht und Menschensohn –
sein Reich wird sein über die ganze Erde.

Maria sprach: Das kann doch nicht geschehen,
solang ich keinen Mann erkennen werde.

›Geist von ›Ich werde‹ wird über dich kommen,
er wird nicht schlafen, Israels Hüter.‹

Sie senkt den Kopf und weiß nicht, was zu denken.
Hier bin ich, ihm zu Diensten, sagte sie.
Dann ist sie aufgestanden und sie sang:

›Er wird an den Verworfenen
sein Wort einlösen.
Nichts ist unmöglich bei ihm, er jagt
Tyrannen von den Thronen, hebt die Armen
aus dem Staub empor, stillt ihren Hunger.‹

Das sang sie. Und ihr Lied wird nie verstummen.

# Magnifikat

CORNELIS KOK

―

O Maria, sing uns vor,
leite unsern großen Chor,
der mit dir allüberall
singt von Rettung und von Fall.

Sing: Gott stößt von seinem Thron
den Ausbeuter durch den Sohn,
der aus dir geboren ist,
der uns lieb geworden ist.

Hungrige, sie werden satt,
und wer bisher alles hat,
wird mit leeren Händen stehn,
der wird Gott um Gnade flehn.

Ewig bist du Trösterin
der Bedrückten, Königin
aller, die geknechtet sind,
die weltweit entrechtet sind.

Tochter, du, des Abraham,
Mutter aller, die im Schlamm,
hoch singst du, was niedrig ist,
dass mein Lied sie nicht vergisst.

NACH LUKAS 1,46–55


*Und Maria sprach:*
*Groß rühmt mein Leben den Herrn,*
*und mein Geist jubelt über Gott, meinen Retter,*
*weil er die Niedrigkeit seiner Magd angeblickt.*
*Machthaber stürzt er von Thronen,*
*und Niedrige erhöht er.*
*Hungernde füllt er mit Gutem,*
*und Reiche sendet er leer weg.*
*Er nimmt sich Israels an, seines Knechtes,*
*des Erbarmens gedenkend,*
*so wie er unseren Vätern zugesprochen.*

AUS DEM LUKASEVANGELIUM,
MAGNIFIKAT

# Zeit der Hoffnung

CHRISTOPH SCHÖNBORN

---

Guter Hoffnung sein« – so sagte man früher, wenn eine Frau schwanger war. Advent ist die Zeit der Schwangerschaft Marias. Sie erwartet ein Kind. Zu Weihnachten feiern wir seine Geburt. Die »Zeit ihrer Niederkunft« ist nahe, wie ein anderer etwas altmodischer Ausdruck sagt. All die schönen Worte sind aus dem Gebrauch gekommen, Worte, mit denen man die Schwangerschaft umschrieb: ein Kind unter dem Herzen tragen, oder: gesegneten Leibes sein. Stattdessen steht heute die ganze hochtechnische medizinische Begleitung der Schwangerschaft mit ihren Untersuchungen und Tests im Vordergrund – so wichtig sie auch ist. Aber was verstehe ich schon davon, wie es ist, schwanger zu sein? Ein Kind zu erwarten, geht einher mit Freuden und Sorgen, Mühen und Hoffnungen, Ängsten und Erlebnissen. Was weiß ich schon von diesem wohl geheimnisvollsten Zustand, durch den wir alle gegangen sind, ohne den keiner auf der Welt wäre: die neun Monate im Mutterschoß, von der Empfängnis bis zur Geburt.

Das Lukasevangelium (1,39–45) stellt uns zwei schwangere Frauen vor Augen. Es wird berichtet, wie sie einander begegnen. Maria steht ganz am Anfang ihrer Schwangerschaft. Elisabet, ihre Verwandte, ist bereits im sechsten Monat. Lange hatte sie ein Kind erhofft, litt unter ihrer scheinbaren Unfruchtbarkeit. Schließlich können sie und ihr Mann Zacharias doch noch ein Kind bekommen. So erleben beide, Maria und Elisabet, ihre Schwangerschaft als ein Geschenk, ja als ein Wunder.

Eigentlich ist jede Schwangerschaft ein Wunder der Natur, wie aus zwei Zellen, der Ei- und der Samenzelle, ein neuer Mensch entsteht. So viel die Forschung auch inzwischen über alle die Vorgänge, die im Werden des Embryos zusammenwirken, entdeckt hat – wie wir entstehen und zum Leben kommen, bleibt ein wunderbares Geheimnis.

Noch geheimnisvoller ist die Begegnung der beiden Schwangeren, Maria und Elisabet. Das Kind, das Elisabet erwartet, reagiert heftig auf den Gruß Marias an ihre Verwandte. Es »hüpft vor Freude« in ihrem Leib. Elisabet grüßt Maria als »die Mutter meines Herrn«. Sie spürt, sie ahnt, dass das Kind, das Maria erwartet, etwas ganz Besonderes ist. Und Maria weiß, dass es so ist. Denn sie hat dieses Kind nicht von Josef, auch nicht von einem anderen Mann empfangen. Es ist Gottes Kind, ihr von Gott geschenkt.

Elisabet spricht es aus: »Gesegnet ist die Frucht deines Leibes.«

Ich freue mich immer, wenn ich eine Schwangere segnen darf. Oft habe ich erlebt, das später eine Mutter mir sagte: »Dieses Kind haben Sie gesegnet, als ich mit ihm schwanger war!« Ein wenig darf ich in solchen Momenten von dem spüren, was Maria und Elisabet bei ihrer Begegnung empfunden haben. In unserer Welt voller Gewalt und Unfrieden ist das Bild der freudigen Begegnung dieser beiden Schwangeren für mich eine große Hoffnung. Was ist wehrloser als eine schwangere Frau mit ihrem Kind? Und doch ist sie stärker als alle grausame Gewalt.

Maria trägt Jesus unter dem Herzen, den Sohn Gottes, der ein Menschenkind werden wollte. Mit Elisabet dürfen wir Maria danken, dass sie Ja gesagt und uns dieses Kind geboren hat. Es ist unsere ganze Hoffnung!

# Heilige Nacht

ANDREA SCHWARZ

———

Mitternacht ist lange vorbei. Die Freunde sind nach Hause gegangen. Die Gottesdienste sind gefeiert. Die Geschenke sind ausgepackt.
Und doch fehlt mir noch was.
Unschlüssig räume ich ein wenig auf, räume das Geschirr und die Gläser in die Spülmaschine ein, versorge das Essen, das übrig geblieben ist.

Und dann gehe ich zum Stall.

Behutsam öffne ich die Tür. Obwohl es dunkel ist, gibt es doch ein sanftes Licht. In einer Ecke stehen Ochs und Esel und malmen ihr Heu.
Dort drüben liegen Josef und Maria auf dem Stroh, eng aneinander geschmiegt. Sie schlafen, müde von all den Anstrengungen.
Und da, die Krippe – das Kind, von dem das sanfte Licht ausgeht.
Auch das Kind schläft.

Zögernd trete ich näher.
Da öffnet das Kind die Augen und schaut mich an.
Und es lächelt.
Und es breitet seine Arme aus.

Und ich knie nieder
und ich schaue es an
und ich werde ganz still

und
das Kind
schaut mich an

und
es lächelt
mir zu

und
Friede
kehrt ein

jetzt
ist Weihnachten

# Helle Freude

# Sohn der Tora, heut' geboren

HUUB OOSTERHUIS

---

Und es geschah in jenen Tagen, Nächten
der kaiserlichen Herrschaft, als die Römer
die ganze Welt in ihrer Macht besaßen,
da ein Befehl erlassen wurde von Augustus:
dass alle Menschen aufgeschrieben werden,
wie Geld gezählt, zum Tod hin festgeschrieben.

Auch Josef mit der schwangeren Verlobten
brach auf aus Nazaret in Galiläa
und ging nach Juda, Betlehem, der Stadt
von David – um sich aufschreiben zu lassen.

Und es geschah, als sie dort unterkamen:
Es wurde Zeit, dass sie gebären musste,
brachte ihr erstgebornes Kind zur Welt,
wickelte es in Tücher, legte es
in einen Futtertrog, zwischen die Tiere,
denn in der Herberg' war für sie kein Platz.

Es gab dort Hirten in der Gegend, die
zur Nacht im Freien wachten bei der Herde.
Jäh stand bei ihnen eine Lichtgestalt,
gesandt von Gott-Ich-werde, ihre Glut
umstrahlte sie. Sie sprach: Fürchtet euch nicht,
denn gute Nachricht habe ich für euch
und große Freude für das ganze Volk,
für Israel bestimmt, für alle Völker:

Geboren, heute, in der Stadt von David
dein Heiland und Befreier, der Messias –
und dies wird euch ein Zeichen sein: Du wirst
ein Neugebornes schauen, nichts noch, niemand,
zerknittert noch, in einer Futterkrippe.

Dann plötzlich stand da eine Legion
von Lichtgestalten aus dem Himmel, singend,
ein Stimmenheer – sie lobten Gott:
Ehre sei in der Höhe Gott-Ich-werde
und hier auf Erden Friede, Recht, Befreiung
für Menschen, die in Sklaverei geschunden.

Und es geschah, als diese Abgesandten
zum Sternenhimmel aufgefahren waren:
Die Hirten sagten zueinander: ›Gehn wir
nach Betlehem, um selbst, mit eignen Augen,
das Wort zu sehn, das uns so groß erzählt.‹

Sie eilten, wie sie konnten, und sie fanden
Maria, Josef und das kleine Wunder.
Und wer es hören wollte, dem erzählten sie,
und die es hörten, waren starr von Staunen.

Maria hat all diese hohen Worte
still überdacht, bewahrt in ihrem Herzen.
Die Hirten kehrten heim zu ihren Feldern
und lobten Gott und träumten gute Zeiten.

―――

Wir waren Kinder noch, als es passierte.
›Kommt, lasst uns sehn das Wort, das da geschehen‹,
riefen mit fremden Stimmen unsre Väter.
Wir mussten mit, in tiefe Nacht und Kälte.

Kein Flügelschlag. Nach langem Weg ein Stall,
ein weinend Kind. Geschrei: Er ist es. Er?
Ihr Leben lang erzählten sie von ihm,
von einem großen Licht, das ihnen winkte.

Stimmen aus Worten: Frieden. Und dann später
der Stern entlang dem Himmel fuhr, ein Zug
von Königen und Priestern, die ihn suchten:
›Kind uns geboren, König des Friedens.‹

Und das gekrönte Tier. Der Kindermord.
Damals bis heut das Blut zum Himmel schreiend.
Und das Gerücht, dass er entkommen konnte,
dass er bald wiederkomme – und was dann?

Ruhelos, ohne Halt, unglücklich träumend
von wilden Tieren, die nicht mehr zerreißen,
sind sie gestorben, so wie Menschen sterben,
ohne zu sehn. Sie hatten so gehofft.

―

Ich dachte dich. Sog dich in meine Seele,
mein Herzgedächtnis: dein Dasein, kurze Zeit
in dieser Welt, von dir gesproch'ne Worte,
dein Tod, und was danach, dein Gott und Vater.

Ergründen wollt ich, was ich mit dir habe.
Ich wog die Texte, die um dich gewoben.
Ich dachte dich lebendig. Mein Verstand
gebot mir, dir voll Sehnsucht nachzueilen,

dort, wo du, Erster aus den Toten, wohnst
in Ihm, der heißt ›Ich werde da sein, keine Angst!‹
In Seinem Namen hör ich dich, sing dich
lebendig. Für die Welt ein Neubeginn.

# In Bethlehem geboren

SIBYLLE HARDEGGER | STEPHAN SIGG

Bethlehem: der Ort, wo Jesus geboren ist! Maria und Josef hatten eine beschwerliche Reise hinter sich, als sie endlich Bethlehem erreichten. Vergeblich machten sie sich auf die Suche nach einer Unterkunft – alle Herbergen waren bereits voll. Niemand gab ihnen ein Dach über dem Kopf. Sie klopften an viele Türen, bis endlich einer Mitleid mit ihnen hatte und ihnen erlaubte, in seinem Stall zu übernachten. Dort kam Jesus zur Welt. Die Bibel berichtet, was in dieser besonderen Nacht geschah: Den Hirten auf dem Feldern erschienen Engel und erzählten von der Geburt Jesu.

Doch wie ist das heute in Bethlehem? Gibt es diese Hirten noch? Was ist aus dem Ort des Stalles geworden? Ob die Türen für Fremde immer noch verschlossen bleiben? Wie sieht der Ort aus, an dem die Engel den Hirten erschienen sind? Das Unterwegssein und die Gastfreundschaft, das sind zwei Themen, die einem unweigerlich in den Sinn kommen, wenn man an Bethlehem denkt. [...]

In Bethlehem gibt es einen Ort, an dem der Überlieferung nach Jesus geboren worden ist. Das ist aber kein Stall, sondern vielmehr eine Grotte, eine Höhle. Zur Zeit Jesu haben die Hirten Höhlen als Unterstellplätze für ihre Tiere genutzt. Heute liegt diese Höhle in der Geburtskirche. Wer sie besuchen will, muss vom Hauptraum der Kirche einige Stufen hinabsteigen. Am Boden gibt es einen silbernen Stern, der an den Stern von Bethlehem erinnern soll, zu entdecken. Genau hier also soll Jesus Christus geboren worden sein!

Am Boden gibt es viele Mosaike zu sehen, an den Wänden entlang hängen viele Lampen und Glaskugeln als Schmuck. Das Heiligtum wird von Christen aus verschiedenen Kirchen gehütet. Es sind darunter Christen der griechisch-orthodoxen Kirche, der armenischen und der katholischen Kirche. Das wird auch an der Einrichtung der Kirche sichtbar.

Wenn man die Kirche in ihrer Länge durchschritten hat, dann führen noch einmal etwa 15 Stufen hinab zur Geburtsgrotte. Bei vielen Besucherinnen und Besuchern schlägt in diesem Moment das Herz schneller.

Es ist ziemlich eng da unten in der Geburtsgrotte, und es passen nicht viele Leute hinein. Die Besucher beten, manchmal erklingt auch ein Lied, das von einer Gruppe angestimmt wird. Nicht selten kann man die Klänge von »Stille Nacht, heilige Nacht« hören – und das sogar mitten im Hochsommer! Etwas seltsam, aber welches Lied würde besser an diesen Ort passen?

Wurde Jesus tatsächlich am Ort der Geburtsgrotte geboren? Diese Frage wird immer wieder gestellt. Mit Sicherheit kann das natürlich heute niemand mehr sagen. Aber immerhin kommen seit mehr als 1800 Jahren Christen an diesem Ort zusammen, um Gott für Jesus Christus zu danken.

Die Geburtskirche von Bethlehem ist somit ein wichtiger Ort geworden für die Christinnen und Christen in der ganzen Welt. Hier stehen alle Besucher einen Moment still, sie unterbrechen ihr Unterwegssein. Die Geburtskirche wird eine Herberge – wenn auch nur für kurze Zeit – für Menschen, die von sehr weit herkommen, um sich an die Geburt Jesu Christi zu erinnern. Zu wissen, dass die Geburtskirche für alle Menschen offen steht und die Tür vor niemandem verschlossen wird, das ist ein wunderbares Gefühl. Der Glaube an Jesus Christus vereint die Menschen, die nach Bethlehem kommen. Es ist zu hoffen, dass sie etwas von der Weihnachtsbotschaft in die Welt tragen: Friede auf Erden den Menschen seines Wohlgefallens.

Bethlehem ist heute eine moderne Stadt wie Berlin, Zürich oder Wien. Zwar gibt es keine Wolkenkratzer und die Altstadt hat ihr altes Stadtbild bewahrt, aber Bethlehem unterscheidet sich nicht wirklich von einer anderen modernen Stadt im Nahen Osten. Wer als Besucher nach Bethlehem kommt, sollte sich nicht nur die Geburtskirche anschauen. Das Umland von Bethlehem ist ebenso sehenswert. Plötzlich werden die biblischen Geschichten lebendig. Wer rund um Bethlehem unterwegs ist, macht manchmal am Rande der Schnellstraße eine besondere Entdeckung: die Zelte der Beduinen. Diese sind meistens von einer großen Ziegenherde umgeben. Die Ziegen haben große Ohren – etwa so groß wie Schuhgröße 48!

Es gibt fast keine Weihnachtskrippen ohne Hirten. Sie waren die Ersten, denen die Weihnachtsbotschaft verkündet wurde. Südöstlich der Stadt Bethlehem werden den Touristinnen und Touristen die »Hirtenfelder« gezeigt. Dort, so glaubt man, haben die Hirten in der Weihnachtsnacht mit ihren Tieren gelagert, als ihnen die Engel erschienen sind. Es ist eine liebliche Landschaft, auch wenn sie heute mehr und mehr überbaut wird.

Der Beruf der Hirten war in der Zeit von Jesus – und bereits viele Jahrhunderte davor – ein häufiger und wichtiger Beruf. Einem Hirten wird eine Herde zur Sorge anvertraut. Er muss die Tiere zusammenhalten und dafür sorgen, dass keines verloren geht. Er tränkt und füttert die Tiere, hilft bei der Geburt und vieles mehr. Ein guter Hirte bringt seine Tiere dem Besitzer gesund und wohlbehalten zurück. Der Beruf ist keineswegs romantisch, denn die Tiere und der Hirte sind vielen Gefahren ausgesetzt: Trockenheit, sodass Wasser und Nahrung knapp werden, wilde Tiere, welche die Herde bedrohen, und selbstverständlich waren auch immer wieder Diebe unterwegs, vor denen man die Tiere beschützen musste.

Im Nahen Osten hat sich seit den Zeiten Jesu am Hirtenberuf nur wenig geändert. Auch heute gibt es die Hirten, die mit den ihnen anvertrauten Tieren oder mit den eigenen Tieren durchs Land ziehen. Das Leben als Hirte ist anspruchsvoll. Man muss darum besorgt sein, dass kein Tier verloren geht und alle genügend zu essen haben. Im Wüstengebiet zwischen Bethlehem und Jericho ist das selten der Fall. Einzig im Frühjahr blüht die Wüste für einige Tage und Wochen auf, und Gras und Blumen dienen den Tieren an Nahrung. Die Landschaft ist ansonsten karg. Meistens wird der Beruf von den Beduinen ausgeübt, die an den Rändern der Wüsten ihre Zelte und Behausungen aufgeschlagen haben. Die Hirten hüten vor allem Ziegen und Schafe, manchmal auch Kamele. Vom Hirtenberuf allerdings kann man heute kaum mehr leben. Das ist der Grund, weshalb die Beduinen heute auch anderen Arbeiten nachgehen.

Bereits im Alten Testament kommen die Hirten vor: Jakob, Josef, Mose, David. Sie alle haben Ziegen oder Schafe gehütet und so vor allem ihren Lebensunterhalt verdient. Im Neuen Testament wird Jesus mit einem guten Hirten verglichen. Denn wie ein Hirt seine Schafe, so kennt Jesus uns alle beim Namen.

Wie ein Hirt sorgt er sich um uns, wie ein Hirt schaut er, dass keiner von uns verloren geht. Das ist nun wirklich keine einfache Aufgabe. Das braucht Einsatz und eine große Liebe zu jedem Einzelnen.

Beduinenfamilien heute leben in einer Mischung aus Vorzeit und Gegenwart. Sie wohnen meist in Zelten, in denen der Boden mit wunderschönen handgewobenen Teppichen ausgelegt ist. Manchmal gibt es einen Anbau aus Wellblech oder Backstein. Die meisten Beduinenfamilien haben Strom und eine Wasserversorgung. Gekocht wird dennoch oft über dem offenen Feuer. Mensch und Tier leben nahe beisammen. Freundlich sind sie alle, und nicht selten kommt es vor, dass man ganz spontan zu süßem Tee ins Zelt eingeladen wird. So wird ein Beduinenzelt schon einmal eine Herberge für einen Touristen, der im Nahen Osten unterwegs ist.

# Habenichtse

HILDEGARD KÖNIG

———

*... und es waren Hirten auf dem Felde,*
*die hüteten nachts ihre Herden ...*
Nicht ihre. Es waren nicht ihre Schafe.
Ein ferner Fremder hatte die Hand drauf.
Und jeder Verlust minderte den kargen Lohn.

Plötzlich dieses jämmerliche Blöken,
als ginge es einem ans Leben.
Aus mit der Ruhe.
Vielleicht war noch was zu retten,
wenigstens ein ordentliches Stück Fleisch.
Sie schwärmten aus ins Dunkel:
Mistvieh, wo bist du?
Wieder ein Schrei, schwer zu orten,
merkwürdig in die Länge gezogen.
Das war's wohl.
Sie riefen sich gegenseitig auf zum Rückzug.

Da! Wieder ein Schreien, ganz in der Nähe.
Das war kein Blöken, sondern Katzenjammer.

Schlechter Witz: Tausche Lamm gegen Katze.
Aber die werden sie sich schnappen ...
In der Höhle war es stockfinster.
Doch, was sie hörten, war klar:
Ein Säugling schrie.
Daneben stöhnte eine Frau.
Eine Männerstimme redete auf sie ein.
Sie begriffen:
Die hatten nichts.
Kein Wasser, kein Feuer, keine Decke,
nichts zu essen.

Sie schafften herbei, was sie auftreiben konnten.
Hier draußen hilft man sich.

# Hin- und hergeschoben

CHRISTOPH SCHÖNBORN

—

Die Weltpolitik schiebt die Menschen hin und her und fragt nicht, wie es dabei dem Einzelnen ergeht. Das ist heute so, das war damals nicht anders, als Josef und Maria sich auf die mühsame Reise nach Betlehem machen mussten, weil der Kaiser seine Kassen mit dem Steuergeld der unterworfenen Völker füllen wollte.

Die Winterreise von Nazaret nach Betlehem war alles eher als bequem. Und die große Politik fragte nicht, ob das für eine hochschwangere Frau der beste Moment war.

An Weihnachten kann ich nicht anders, als an die Ähnlichkeit von damals und heute zu denken. Wieder ist es die Weltpolitik, die Millionen Menschen zur Flucht nötigt, weil die Mächtigen dieser Welt ihre Konflikte auf dem Rücken der Kleinen und Wehrlosen austragen. Macht, Erdöl, Geld und Waffen sind wichtiger als das Wohl zahlloser Menschen, Kinder und Älterer, Familien und Freunde. Kriege ohne

Ende, weil die Interessen der Großen mehr zählen als das Wohl von Menschen, die einfach in Frieden leben wollen.

In eben diese Welt wollte Gott selbst kommen. Das ist das Neue, Überwältigende am Geschehen der Weihnacht. Gott lässt sich herumschieben wie die Flüchtlinge heute, die über Meere gefahrvoll die Freiheit suchen, um dann von Land zu Land abgeschoben zu werden, weil nirgendwo für sie ein Platz ist. Der Kaiser befiehlt – und das Kind, das Maria unter ihrem Herzen trägt, kann nicht zu Hause zur Welt kommen, sondern irgendwo unterwegs, zufällig in einem Stall, mit einem Futtertrog als Bettchen, weil sonst kein ordentlicher Platz zu finden war.

So kommt Gott in diese Welt; und seit Gott im Stall von Betlehem als Kind geboren wurde, ist kein Mensch auf der Flucht, keiner, der kein Dach über dem Kopf hat, für Gott ein Fremder. Gott selbst hat sich wirklich arm gemacht, hat auf alle Macht und allen Glanz der Großen verzichtet. Mit nichts ist er in diese Welt gekommen. Arme Hirten sind die Ersten, die ihn verehren, weil sie sich nicht schrecken vor so viel Armut.

Genau über dieser Not von Betlehem tut sich der Himmel auf. Den Hirten, die Nachtwache halten bei ihren Herden, leuchtet helles Licht auf. »Die Herrlichkeit des Herrn« zeigt sich ihnen. Nicht in weltlichem

Prunk und irdischer Macht, sondern als eine Freude, die in ihren dunklen Alltag hineinstrahlt. »Ich verkünde euch eine ganz große Freude: Heute ist euch in der Stadt Davids der Retter geboren; er ist der Messias, Christus, der Herr.«

Und nun das Erstaunliche: Diese große Ankündigung wird mit einem Zeichen verknüpft: »Ihr werdet ein Kind finden, das, in Windeln gewickelt, in einer Krippe liegt.« Diese einfachen Hirten fanden es dann auch so, wie der Engel es gesagt hatte: ein Kind in einem Futtertrog.

Wer Weihnachten wirklich erleben will, muss sich auf diese Logik Gottes einlassen. Auch heute ist er dort zu finden, wo Menschen von den Mächten dieser Welt hin- und hergeschoben werden. Gott ist in dem armen Kind in der Krippe unter uns erschienen. Wer ihn dort sucht, über dem wird der Himmel in der Heiligen Nacht offenstehen.

# Martin Luther und das Weihnachtsfest

MARGOT KÄSSMANN

—

Martin Luther hat sich selbst als »Weihnachtschrist« bezeichnet. Er konnte sich am Weihnachtsfest so richtig freuen und hat viel dazu beigetragen, dass es so wichtig wurde für die Menschen in Deutschland. Gott ist für Luther wie »ein glühender Backofen voller Liebe«, und er schreibt: »Wir haben mehr Ursache uns zu freuen als traurig zu sein; denn wir hoffen auf Gott, der da sagt: ›Ich lebe, und ihr sollt auch leben‹ (Johannes 14,19).«

In Anlehnung an Luther ist also die Freude immer größer als die Trauer, weil wir uns von Gott gehalten wissen. Das Leben ist für Christen mehr als das, was wir sehen, weiter und größer als unsere engen Grenzen. Deshalb hat Freude eine viel tiefere Dimension. Das Geschenk, über das wir uns freuen, ist das Kind in der Krippe. Seine Ankunft feiern wir jedes Jahr neu. Und das ist der Anlass, warum wir denen, die wir lieben, Geschenke machen. Das kann uns doch wirklich entlasten und uns den Druck nehmen, dass alles nun ganz wunderbar weihnachtlich sein muss wie in der Idylle der Weihnachtswerbung. Die macht doch eher Angst vor Weihnachten. Nicht alle Familien sind das, was wir »heil« nennen.

Entspannt euch, macht das Beste draus und hört auf mit dem Stress, dass alle ganz harmonisch alle irgendwie besuchen müssen und dabei Dauerglück zeigen sollen. Es muss auch keine Gans sein, Pizza tut es doch auch. Und wenn das Geschenk nicht passt, ist doch nicht so schlimm. Der Weihnachtsbaum ist total schief und nadelt schon am Heiligabend – ja nun lacht doch mal drüber. Das alles ist zweitrangig! Ich erinnere mich, wie viel Mühe ich mir einmal gemacht hatte mit den Geschenken. Und am Ende spielten meine Kinder hochvergnügt mit dem Geschenkpapier und den Verpackungen – Humor ist gefragt, auch an Weihnachten. Wenn wir anfangen können, über unsere eigenen Ansprüche zu lachen, dann kann Freude über das, was wir haben, Raum greifen. Und das wissen wir alle: Die wirklichen Geschenke des Lebens können wir nicht kaufen. Es sind Momente von Glück. Erfahrungen von Liebe, Erleben von Vertrauen.

Da beneiden wir die Kinder um ihre so ganz unvermittelte, sinnliche Freude. Sie freuen sich auf Weihnachten, ja, auch auf die Geschenke. Matthias Claudius (1740–1815) hat einst gedichtet:

Ich danke Gott und freue mich
Wie's Kind zur Weihnachtsgabe,
Dass ich bin, bin! Und dass ich dich
Schön menschlich Antlitz habe,

Dass ich die Sonne, Berg und Meer
Und Laub und Gras kann sehen
Und abends unterm Sternenheer
Und lieben Monde gehen,

Und dass mir denn zumute ist,
Als wenn wir Kinder kamen
Und sahen, was der heilge Christ
Bescheret hatte, Amen!

Das ist eine sehr schöne Verbindung finde ich. Wir dürfen uns an uns selbst, am Leben freuen, wie sich ein Kind an Weihnachten über ein Geschenk freut. Und solche Momente kennen wir doch: Da kommst du durch den Buchenwald an die Steilküste und blickst plötzlich aufs Meer. Oder: Du spürst, dass jemand dich liebt und möchtest am liebsten die ganze Welt umarmen. Ja, das Leben ist gut – das können wir spüren in aller Tiefe. Freude über einen wunderbaren Anblick in der Natur, der uns anrührt. Die Erfahrung von Liebe. Das Erleben von Glück. Ja, das Leben ist gut, denken wir in solchen Momenten.

Da kann uns ein Sternenhimmel, ein Naturerleben anrühren und uns die Tiefe des Lebens spüren lassen.

»Freuet euch in dem Herrn allewege, und abermals sage ich: Freuet euch!«, schreibt Paulus (Philipper 4,4). Die Freude, von der er spricht, ist die Freude über die Nähe Gottes. Denn darum geht es ja an Weihnachten: Gott kommt den Menschen nahe. Auf die Ankunft Gottes in der Welt bereiten wir uns vor, das meint Advent. Und diese Ankunft denkt Paulus im doppelten Sinne. Einmal: Gott wurde Mensch! Das ist unfassbar. Das unterscheidet das Christentum auch von allen anderen Religionen, zu glauben, dass Gott selbst menschliche Erfahrungen von Geburt bis Tod, von Freude und Leid gemacht hat. Zum anderen meint Paulus die Wiederkunft Gottes: Gott ist nahe in dem Sinne, dass diese Zeit und Welt enden werden und Gottes Zukunft anbricht – schon jetzt, aber dann in Ewigkeit.

Diese Freude führt zu einem tiefen Frieden: »Und der Friede Gottes, der höher ist als alle Vernunft, bewahre eure Herzen und Sinne in Christus Jesus« (Philipper 4,7). Dieser eine Satz fasst gut zusammen, worum es im Glauben geht: Dass wir den Frieden Gottes erleben, erfahren mit Herz und Sinn. Wir können Glauben nicht erzeugen, wir können Gott nicht beweisen, wir können die Ewigkeit nicht erklären – das geht über die Vernunft.

Aber wir können zu einer Lebenshaltung finden, die sich aus der inneren Freude über Gott speist. Um diese innere Freude geht es. Die wird sich nach außen zeigen, auch in Gelassenheit gegenüber all den Ansprüchen der Perfektion. Und sie wird uns mutig machen, mitten in der Welt dafür einzutreten, dass vom Frieden Gottes schon Hier und Jetzt etwas erfahrbar wird. In dieser Haltung können wir uns aus tiefstem Herzen freuen auf Weihnachten und zugehen auf das Fest der Ankunft Gottes in der Welt.

Als Martin Luther selbst ein Kind war, wurden die Kinder am 6. Dezember beschenkt, der »Nikolaus« brachte kleine Geschenke. Martin Luther war es, der die Bescherung auf den Heiligen Abend der Christgeburt verlegt. Die Geburt des »Christkinds«, die Ankunft Gottes unter uns, sollte im Mittelpunkt des Festes stehen, und es sollte ein fröhliches Fest für Groß und Klein sein. Für seine Kinder schrieb Luther 1535 eins der schönsten Weihnachtslieder: »Vom Himmel hoch, da komm ich her«. Das Lied ist wie eine kleine Erzählung aufgebaut und ermöglichte den Kindern, zu seinen Strophen ein kleines Krippenspiel im Hause Luther aufzuführen. Seit Luther gehört das Liedersingen zum festen Brauch am Heiligen Abend.

Vom Himmel hoch, da komm ich her.
Ich bring' euch gute neue Mär,
Der guten Mär bring ich so viel,
Davon ich singn und sagen will.

Euch ist ein Kindlein heut' geborn
Von einer Jungfrau auserkorn,
Ein Kindelein, so zart und fein,
Das soll eu'r Freud und Wonne sein.

Es ist der Herr Christ, unser Gott,
Der will euch führn aus aller Not,
Er will eu'r Heiland selber sein,
Von allen Sünden machen rein.

Er bringt euch alle Seligkeit,
Die Gott der Vater hat bereit',
Dass ihr mit uns im Himmelreich
Sollt leben nun und ewiglich.

O ja, ich freue mich auf Weihnachten.
Und ich hoffe, Sie auch.

# Schöne Bescherung

HILDEGARD KÖNIG

---

mir war es, als hätte ich engel erkannt
flüchtig – war kaum was zu sehen –
sie sind im zwielicht paradieswärts gerannt
als sei es um sie geschehen

sie hatten genug vom treiben der welt
der talfahrt von börsen und banken
für konsum und kommerz fehlte ihnen das geld:
ihr jubel hielt sich in schranken

sie kamen ganz leicht zum paradeis
und sangen zum einlass ihr kyrieleis
und schauten und standen betroffen:

die göttliche herrschaft, der engelschor
schloss und riegel und der kerub davor
waren lange schon weg und das himmlische tor
stand leer und sperrangelweit offen

# Geschenkte Freiheit

HEINRICH BEDFORD-STROHM

---

Auch an diesen Weihnachten werde ich Geschenke überreichen und selbst auspacken und mich über die darin ausgedrückten Zeichen der Verbundenheit freuen, so klein das eine oder andere Geschenk auch gewesen sein mag. Und ich werde Weihnachtspost erhalten: vorgedruckte Weihnachtsrundbriefe ohne persönliche Anrede oder mit Serienbrieffunktion, die nur durch ihren Inhalt von in hoher Auflage versandter Werbepost zu unterscheiden war. Und sehr persönliche Post, vielleicht handgeschriebene Briefe oder Karten, für die sich jemand viel Zeit nur für mich genommen hat. Über diese persönliche Post freue ich mich am meisten.

Weihnachten ist das Fest, an dem wie an keinem anderen Fest unser inneres Streben nach Beziehung im Zentrum steht. Durch die vielen Zeichen der Beziehung, die wir selbst an Weihnachten aussenden, und die vielen Zeichen der Beziehung, die wir empfangen. Das ist vielleicht der wichtigste äußere Grund der großen Ausstrahlungskraft des Weihnachtsfestes.

Und deswegen mögen wir manchmal klagen über den Vorweihnachtsstress, über das alles, was noch erledigt werden muss, die Weihnachtspost, die noch nicht geschrieben ist, oder die Geschenke, die noch nicht besorgt sind. Aber es einfach sein lassen wollen wir auch nicht.

Es gibt ja immer wieder solche Vorschläge: dass man das Schenken einfach lassen soll, um Zeit zur Besinnung zu haben. Oder dass man die Weihnachtspost dieses Jahr einmal ausfallen lassen soll, um Zeit zum Innehalten, Zeit zum Beten und Zeit zur Einkehr zu haben. Und diese Vorschläge sind ja auch allzu nachvollziehbar.

Aber warum finden sie so wenig Widerhall? Warum prallen sie am Ende doch einfach an uns ab? Warum besorgen wir am Ende doch Geschenke, warum schreiben wir am Ende doch die Weihnachtspost, warum ist es uns so wichtig, das alles vor Weihnachten noch fertig zu bekommen?

Weil Weihnachten das Fest der Beziehung ist. Weil wir ein genaues Gespür dafür haben, dass es in der Gottesbeziehung auch um die Beziehung zu den anderen Menschen geht. Das alles ist nicht nur der Ausdruck einer konventionellen Weihnachtskultur. Das machen wir nicht nur, weil man es eben so macht oder weil es erwartet wird. Es sind nicht nur die Rituale einer weihnachtlichen Zivilreligion, sondern trifft etwas vom Kern der Weihnachtsbotschaft.

Paulus schreibt: »Als aber die Zeit erfüllt war, sandte Gott seinen Sohn, geboren von einer Frau und unter das Gesetz getan, damit er die, die unter dem Gesetz waren, erlöste, damit wir die Kindschaft empfingen. Weil ihr nun Kinder seid, hat Gott den Geist seines Sohnes gesandt in unsre Herzen, der da ruft: Abba, lieber Vater!« (Galater 4,4–7).

»Abba, lieber Vater!« Das ist der Ruf, den uns die Weihnachtsbotschaft in die Herzen schreibt. Wenn jemand mich in seiner Weihnachtspost persönlich anredet und wenn ich spüre, dass wirklich ich persönlich gemeint bin, dann ist das genau eine solche Weihnachtserfahrung.

Die Erfahrung, dass in den Zeichen der Verbundenheit, die ich bekommen habe, etwas von der Beziehungskraft zum Ausdruck gekommen ist, die mit der Weihnachtsbotschaft in die Welt gekommen ist. Der Geist, den Gott in der Geburt seines Sohnes in unsere Herzen gesandt hat, ruft »Abba, lieber Vater«.

Das aramäische Wort »Abba«, das da als Anrede für Gott im Text steht, ist so unübersetzbar, dass es in unserer Lutherbibel einfach stehen geblieben ist. Es drückt eine innige Beziehung, ein vorbehaltloses Vertrauen aus. Jesus gebraucht genau dieses Wort, als er im Garten Gethsemane kurz vor seiner Festnahme sein Leben in Gottes Hand legt: »Abba, mein Vater, alles ist dir möglich; nimm diesen Kelch von mir; doch nicht, was ich will, sondern was du willst!« (Markus 14,36).

Wir kennen solche Situationen. Dass nichts mehr von dem Vertrauen übrig bleibt, das wir in Gott haben. Dass wir diese Beziehung nicht mehr spüren. Aber vielleicht haben wir auch dann noch die Kraft, auf Jesus zu schauen. Der Mensch Jesus, dieses Kind in der Krippe, dessen Geburt wir an Weihnachten feiern, ist von Gott zu uns gekommen, um uns hineinzuziehen in diese tiefe Vertrauensbeziehung. Um unser Leben zu verwandeln, um unsere Unruhe, unsere Sorge, unsere Angst zu überwinden, sodass unsere Seele mit Jesus mitsprechen kann: »Abba, lieber Vater!« Sodass wir frei werden! Nichts weniger als Freiheit ist es, was aus dieser großen Verwandlung erwächst: »Als aber die Zeit erfüllt war, sandte Gott seinen Sohn, geboren von einer Frau und unter das Gesetz getan, damit er die, die unter dem Gesetz waren, erlöste, damit wir die Kindschaft empfingen.«

Wer ist mit denen, »die unter dem Gesetz waren«, gemeint? Man kann es sich natürlich leicht machen und das von sich wegschieben und sagen: Die unter dem Gesetz waren, sind die Juden! Und allzu lange hat man in christlicher Selbstgewissheit das Judentum als Gesetzesreligion bezeichnet und das Christentum als Religion der Freiheit. In Wirklichkeit sind wir als Christen kein bisschen weniger als die Juden in der Gefahr, vom Gesetz her zu leben anstatt aus der Freiheit. Jesus hat uns als Jude den Weg in die Freiheit gewiesen. Und diese Wegweisung brauchen wir heute genauso wie die Menschen damals!

Freiheit heißt, selbst Verantwortung zu übernehmen, anstatt sein Handeln einfach nur an der Befolgung von Regeln zu orientieren. Die Befolgung von Regeln ist ja nicht gering zu schätzen. Wer etwas tut, weil die Regel das so vorgibt, der tut oft schon etwas durchaus Gutes.

Denn wenn Regeln sinnvoll sind und ein gutes Leben ermöglichen, dann verdienen sie auch, befolgt zu werden. Die Regel etwa, dass man seinem Partner treu zu sein habe, hat in sich schon eine hohe Bedeutung. Es hat seinen guten Sinn, dass sie sich als Regel so herausgebildet hat. Und wer durch allerlei Feldversuche herauszufinden versucht, ob diese Regel wirklich taugt, der hat das gute Leben schnell zerstört, für das er doch die richtigen Regeln herauszufinden versucht. Es hat also seinen guten Sinn, dass nicht alle Regeln permanent neu erfunden werden müssen oder erst jeder selbst alles ausprobiert haben und auf die Nase gefallen sein muss, um den guten Sinn bestimmter Regeln zu erkennen.

Und trotzdem hat Paulus recht, wenn er von der Kindschaft spricht, die aus der Knechtung unter das Gesetz erlöst. Denn das Gesetz – und das ist ja die Summe der Regeln für ein gutes Leben – ist eben kein Selbstzweck. Es muss seine Lebensdienlichkeit immer wieder zeigen. Es muss immer wieder von dem her neu verstanden werden, der uns das Leben gegeben hat und mit dem Leben auch die Verantwortung.

Darum ist die Weihnachtsgeschichte eine so entscheidende Geschichte. Denn in dem Kind in der Krippe »wird Gott Mensch« – wie wir sagen – und zeigt uns, wie ein freies Leben aussieht. Wenn wir wissen wollen, was das heißt, ein Leben aus der Freiheit zu führen, anstatt Regeln um der Regeln willen zu befolgen, dann brauchen wir nur auf Jesus zu schauen. Am Sabbat ermutigt er gegen den Widerstand der Gesetzeshüter, die die Regeln überwachen, seine Jünger, Ähren zu rupfen, um den Hunger zu stillen. Er heilt am Sabbat Menschen von ihren Krankheiten, weil der Mensch nicht für den Sabbat, sondern der Sabbat für den Menschen da ist. Und er rettet die Ehebrecherin vor der nach dem Gesetz vorgesehenen Steinigung und schreibt den Hütern der Moral ins Stammbuch, erst einmal auf ihre eigenen Sünden zu schauen, bevor sie über andere den Stab brechen. Er führt das Gesetz wieder auf seinen eigentlichen Sinn zurück: »Weh euch, die ihr den Zehnten gebt von Minze, Dill und Kümmel und lasst das Wichtigste im Gesetz beiseite, nämlich das Recht, die Barmherzigkeit und den Glauben!« (Matthäus 23,23).

Das Wichtigste im Gesetz, sagt Jesus, ist, dass Recht, Barmherzigkeit und Glauben beieinander bleiben. Wenn wir in unserer Kirche leidenschaftlich über ethische und moralische Leitplanken, etwa zum Thema Ehe und Sexualität, diskutieren, wollen wir das immer so tun, dass die barmherzige Menschennähe, die das Reden und das Handeln Jesu überall durchdringt, dabei im Zentrum steht. Die Ehe bleibt für uns das Leitbild, weil sie für lebensfreundliche Orientierungen wie lebenslange Treue und Verlässlichkeit steht. Aber deswegen müssen nicht alle anderen Wege, die Menschen gehen, abgewertet werden. Lebenswege verlaufen krumm, und Gott begleitet uns auch auf den krummen Wegen. Entscheidend ist, dass wir verantwortlich handeln. Dass wir als Kinder Gottes handeln, dass wir als Erben handeln: »So bist du nun nicht mehr Knecht, sondern Kind; wenn aber Kind, dann auch Erbe durch Gott.«

Nicht Knecht, sondern Kind und Erbe durch Gott sein. Das ist die Einladung zu einem verantwortlichen Handeln, die uns Paulus mit seinen Weihnachtsworten mit auf den Weg gibt. Verantwortliches Handeln ist nicht nur im persönlichen Leben in unseren Beziehungen und Partnerschaften gefragt. Es ist auch nötig im Bereich von Politik und Wirtschaft. Freiheit heißt nicht Rücksichtslosigkeit. Freiheit heißt, die eigenen Interessen und die Verantwortung für andere zusammenzuhalten.

In den vergangenen Jahren ist beispielsweise den meisten Menschen bewusst geworden, dass ein unregulierter Finanzmarkt viel Schaden anrichten kann, ein Schaden, den oft besonders die zu spüren bekommen, die am wenigsten zu seiner Verursachung beigetragen haben. Die Bemühungen um Bankenregulierung werden dann Erfolg haben, wenn sie wirklich dazu helfen, das Geld wieder in den Dienst der Menschen zu stellen, anstatt die Geldvermehrung zum Selbstzweck zu machen.

Kluge Regulierungen müssen von denen, die in dem Bereich tätig sind, aber auch mitgetragen werden. Ethische Verantwortung kann nicht nur aus Imagegründen in den Katalog der Geschäftsziele aufgenommen werden, sondern soll wirklich in der Unternehmenskultur verankert sein, von den Verantwortungsträgern aus Überzeugung gelebt werden und in das wirtschaftliche Handeln einfließen.

Bis in solch profane Bereiche unseres Lebens wie das Geld reicht es herein, wenn der Apostel Paulus davon spricht, dass wir nicht mehr Knechte sind, sondern Kinder Gottes, ja Gottes Erben. Wir sind nicht mehr unter dem Gesetz, sondern frei. Wie reiche Erben sind wir dem verpflichtet, von dem wir unseren Reichtum bekommen haben. Aber die Gebote, die Gott uns gegeben hat, sind eben nicht Regeln, die uns knechten, sondern Wegmarken eines erfüllten Lebens in der Freiheit.

Weihnachten ist die nie versiegende Quelle dieses erfüllten Lebens in der Freiheit. Weil Gott Mensch geworden ist und die Liebe Gottes in diesem Menschen unter uns Wohnung genommen hat. Keiner kann sie mehr aus der Welt verbannen. Niemand kriegt sie mehr weg. An Weihnachten öffnen wir unser Herz dafür. Weil ihr nun Kinder seid, hat Gott den Geist seines Sohnes gesandt in unsre Herzen, der da ruft: Abba, lieber Vater!

Ich schaue auf die Lichter am Baum. Ich lese die Geschichte von der Geburt des Heilands. Und ich werde selbst froh und möchte aus ganzer Seele mitsprechen »Abba, lieber Vater!« und wissen oder auch nur ahnen, dass unser Heil da ist.

# Weihnachtssegen

CHRISTA SPILLING-NÖKER

---

Es segne dich der barmherzige
und liebende Gott,
der in Jesus Christus
im Stall von Bethlehem
selbst Mensch geworden ist.

Er erfülle dein Herz
mit seiner heilig-heilenden Kraft,
damit deine seelischen Wunden heilen
und du an deinem Menschsein
begeistert Freude finden kannst.

Er möge dein Herz dazu bewegen,
immer wieder neu aufzubrechen
und dich unermüdlich einzusetzen
für ein menschenwürdiges Leben
überall auf der Welt.

# Das Weihnachtsloch

ULRIKE WOLITZ

---

Als ich fünfundzwanzig war, hatte ich erstmals einen Christbaum in meiner Wohnung aufgestellt. Nur etwa so groß wie ich. Hatte mir die kleinen uralten Kugeln von meiner Großmutter besorgt, eine weiß-goldene Baumspitze und rote Bänder. Da stand er in der Zimmermitte, eigenwillig krumm und schön. In meinen Räumen schien die Weihnacht eingekehrt. Als dann der Februar kam und die Nachbarn die letzten Bäume vor die Türe hinausstellten, gab ich meinem Nadelfreund noch eine Frist. Hört denn die Weihnacht etwa einmal auf? Ist denn nicht immer Weihnacht, heute hier und jetzt – in meinem Zimmer? So dachte ich und ließ ihn weiter stehen.

Die Nadeln waren dürr geworden und verfingen sich im Teppich. Es wurde Ostern, und noch immer war es Weihnacht. Kann Weihnacht nicht an Ostern sein? Der in der Krippe liegt, er hängt am Kreuz und steigt an Ostern aus dem Grab. Er ist der gleiche. An Weihnachten beginnt die Passion. Wenn Gott im Menschen ist, ist auch Passion. Denn immer ist der Mensch zu klein für Gott und leidet, weil er ihn nicht fassen kann. Und doch will Gott im Menschen sein. Er sprengt die Grenzen, rollt den Stein vom Grab, zertritt den Tod. Die Weihnacht kann an Ostern sein.

So ward es Mai, der Sommer kehrte ein. Die Nadeln waren abgefallen, doch immer noch stand da mein Baum. Nicht nur für einen Tag, nicht nur für einen heiligen Abend ist Gott Mensch geworden. Das ganze Jahr ist jeder Abend heiliger Abend, ist jede Nacht, ist jeder Morgen, jeder Mittag heiliger Tag, wenn Gott im Menschen wirkt. So kam der Juni. Und immer war die Weihnacht da, war eingekehrt bei mir, als hätte Gott ein Feuer rund um mich gegossen. Die Weihnacht brennt im Sommer, brennt an Pfingsten. Gott kommt im Tag. Da braucht es schließlich keinen Baum mehr, und man trug ihn fort. Zwar war da nun ein Loch im Raum, wo er gestanden hatte, und Nadeln über Nadeln noch im Teppich. Doch ist nicht auch im Loch, wo Josef und Maria nach Ägypten flohen, zuinnerst das Gesicht der Weihnacht eingraviert?

Das Loch. Das Weihnachtsloch. Die Menschheit leidet, weil sie Gott nicht sieht. Sie schreit nach ihm, sie klagt nach ihm, sie hadert, zweifelt, leugnet ihn. O unsägliches Weihnachtsnichts, die Engel haben schwarze Flügel von der Nacht an diesem Ort. Da werden Häuser weggeflutet, Zäune aufgebaut, und Väter, Mütter, Kinder finden nicht zusammen.

Die Weihnachtsnacht. Ist Gott nicht da? Die Nacht läuft ihrer Mitte zu. Ein Stern bleibt stehn und wirft sein Licht ins Loch. Zuinnerst in der Höhle liegt ein Mensch im Stroh des Weihnachtsnichts. Und ich erkannte: Wo alles leer und nächtig ist, dort ist im Heute, Hier und Jetzt der Platz, wo Gott erscheinen will im Menschen. Das ganze Jahr.

Einen Christbaum aber habe ich nie mehr aufgestellt seitdem.

# Wache Herzen

# Eine Wintergeschichte

MAX BOLLIGER

Es war einmal ein Mann. Er besaß ein Haus, einen Ochsen, eine Kuh, einen Esel und eine Schafherde. Der Junge, der die Schafe hütete, besaß einen kleinen Hund, einen Rock aus Wolle, einen Hirtenstab und eine Hirtenlampe.

Auf der Erde lag Schnee. Es war kalt, und der Junge fror. Auch der Rock aus Wolle schützte ihn nicht.

»Kann ich mich in deinem Haus wärmen?«, bat der Junge den Mann. »Ich kann die Wärme nicht teilen. Das Holz ist teuer«, sagte der Mann und ließ den Jungen in der Kälte stehen.

Da sah der Junge einen großen Stern am Himmel.

»Was ist das für ein Stern?«, dachte er. Er nahm seinen Hirtenstab, seine Hirtenlampe und machte sich auf den Weg.

»Ohne den Jungen bleibe ich nicht hier«, sagte der kleine Hund und folgte seinen Spuren.

»Ohne den Hund bleiben wir nicht hier«, sagten die Schafe und folgten seinen Spuren.

»Ohne die Schafe bleibe ich nicht hier«, sagte der Esel und folgte ihren Spuren.

»Ohne den Esel bleibe ich nicht hier«, sagte die Kuh und folgte seinen Spuren.

»Ohne die Kuh bleibe ich nicht hier«, sagte der Ochse und folgte ihren Spuren.

»Es ist auf einmal so still«, dachte der Mann, der hinter seinem Ofen saß. Er rief nach dem Jungen, aber er bekam keine Antwort. Er ging in den Stall, aber der Stall war leer. Er schaute in den Hof hinaus, aber die Schafe waren nicht mehr da.

»Der Junge ist geflohen und hat alle meine Tiere gestohlen«, schrie der Mann, als er im Schnee die vielen Spuren entdeckte.

Doch kaum hatte der Mann die Verfolgung aufgenommen, fing es an zu schneien. Es schneite dicke Flocken. Sie deckten die Spuren zu. Dann erhob sich ein Sturm, kroch dem Mann unter die Kleider und biss ihn in die Haut. Bald wusste er nicht mehr, wohin er sich wenden sollte.

Der Mann versank immer tiefer im Schnee. »Ich kann nicht mehr!«, stöhnte er und rief um Hilfe. Da legte sich der Sturm. Es hörte auf zu schneien, und der Mann sah einen großen Stern am Himmel. »Was ist das für ein Stern?«, dachte er.

Der Stern stand über einem Stall, mitten auf dem Feld. Durch ein kleines Fenster drang das Licht einer Hirtenlampe. Der Mann ging darauf zu.

Als er die Tür öffnete, fand er alle, die er gesucht hatte, die Schafe, den Esel, die Kuh, den Ochsen, den kleinen Hund und den Jungen. Sie waren um eine Krippe versammelt.

In der Krippe lag ein Kind. Es lächelte ihm entgegen, als ob es ihn erwartet hätte. »Ich bin gerettet«, dachte der Mann und kniete neben dem Jungen vor der Krippe nieder.

Am anderen Morgen kehrten der Mann, der Junge, die Schafe, der Esel, die Kuh, der Ochse und auch der kleine Hund wieder nach Hause zurück. Auf der Erde lag Schnee. Es war kalt.

»Komm ins Haus«, sagte der Mann zu dem Jungen, »ich habe Holz genug, wir wollen die Wärme teilen.«

---

*Max Bolliger schreibt über seine Weihnachtslegenden:*
Wer mir zum ersten Mal die Weihnachtsgeschichte erzählte, weiß ich nicht. Vielleicht eine der frommen Großtanten, bei denen ich oft wochenlang in den Ferien weilte, die Sonntagsschule besuchte und Geschichten aus der Bibel hörte. Mein Vater, der Sohn eines Bauern und Zimmermanns, scheint in seiner Jugend gegen alles »Fromme« rebelliert zu haben, »flüchtete« nach der Lehre als Möbelschreiner nach Frankreich, um dort das Restaurieren alter Möbel zu erlernen. Auch

meine Mutter, Tochter eines Seidendruckers aus dem Glarnerland – in Mailand aufgewachsen –, schien sich als junge Frau über die religiöse Erziehung ihrer beiden Buben wenig Gedanken zu machen.

Noch mehr als Geschenke gefiel mir an Weihnachten der Baum. An seinen Ästen hingen die goldenen Kugeln, Pilze, Trompeten, die Vögelchen, die Glocken, Sterne ... all die leicht zerbrechlichen Gebilde, jedes Stück mir vertraut vom vergangenen Jahr und doch wie neu, in Silberpapier eingewickelte Tannenzapfen aus Schokolade, Wunderkerzen und Engelshaar ...

Eines Morgens fand mich mein Vater unter dem Baum. Ich muss in der Nacht aufgestanden und mich unter den Baum gelegt haben. Anfang Januar verstand ich es, den Abbruch des Baumes – zum Ärger meines Vaters – immer noch einen oder zwei Tage hinauszuzögern. »Weihnachtsnarr«, sagte meine Mutter und nahm mich schützend in die Arme.

Das Schreiben von Weihnachtslegenden hat für mich eine besondere Bedeutung. Im Zentrum steht zwar die schönste und nachhaltigste unter ihnen, die Geburt Jesu in Bethlehem. Zugleich aber »kreisen« sie – in Rilkes Stundenbuch zu lesen – »in wachsenden Ringen, die sich über die Dinge ziehn ... um Gott, den uralten Turm ... jahrtausendelang ...« Und zu diesen »Ringen« gehört auch die Kindheit. Sie bleibt der Grundstein für das ganze Leben.

# Die Botschaft des Esels

DORIS BEWERNITZ

———

Störrisch werden wir genannt, eigensinnig und trotzig. Die Menschen mögen das nicht. Sie wollen, dass man gehorcht. Dass man sich anpasst, sich zähmen lässt und immer tut, was sie sagen.

Aber meinen Trotz werde ich mir nicht nehmen lassen. Er ist heilig. Er ist eine Botschaft. Eine uralte. Ich habe sie von meiner Mutter, und die hat sie von ihrer Mutter und die wieder von ihrer und immer so weiter. Diese Botschaft müssen wir weitertragen von Geschlecht zu Geschlecht. Weil sie wichtig ist.

Und so hat meine Mutter es mir erzählt: Mein Urahn, der in jener besonderen Nacht im Stalle stand, als dieses Kind geboren wurde, vor dem kurz darauf Könige auf die Knie fielen, war immer brav und folgsam gewesen wie alle Esel vor ihm. Als aber Maria das Kind in die Krippe legte, da wandte das Kind seinen Kopf und sah meinen Urahn an. Und die Augen des Kindes waren groß und gut.

Sie sprachen eine deutliche Sprache, eine, die jeder versteht, eine klare Sprache, wie sie immer gesprochen wird, wenn Augen dich ansehen. Sogar mein Urahn verstand sofort, was diese Augen ihm sagten: Lege deinen Gehorsam ab. Widerstehe der Bequemlichkeit. Fortan sollst du nur noch deinem Herzen gehorchen und nicht der Macht. Höre, der König dieses Landes will mich töten.

Bitte hilf mir. Trage meine Mutter und mich fort von hier. Gehe morgen in aller Frühe mit Josef hinaus, hilf uns zu fliehen.

Und mein Urahn versprach es. Am nächsten Tag ging er mit den Eltern und dem kleinen Kind fort. Er rettete sie. Diese Geschichte erzählte mir meine Mutter, und die hat sie von ihrer Mutter und die wieder von ihrer und immer so weiter. Und darum sind wir Esel so störrisch. Wir beugen uns seit diesem Tag keiner Macht mehr.

Nur der Liebe beugen wir uns. Das ist unsere Botschaft.

Die wir weitersagen wollen. Damit sie alle verstehen.

# Noch ein Wunder

CATARINA CARSTEN

---

Es war ohnehin sehr eng in dem Stall. Als der Mann und die Frau hereinkamen und die Tür hinter sich schlossen, sahen der Ochs und der Esel sich an und standen langsam auf von ihrer Streu.

Was sollte das bedeuten? Um diese Zeit kam nicht mal der Herbergsknecht, um ihnen Heu zu bringen. Wenig und hartes Heu. Ochs und Esel waren schon ziemlich klapprig. Man sah ihnen an, dass sie viele Jahre schwer geschuftet hatten.

Was also wollten die Leute? Der Mann hatte eine Laterne angezündet, und die Frau kauerte auf einem Bündel Heu.

»Rück ein bissel«, sagte der Ochse zum Esel, »dass sie mehr Platz haben.« Ochsen und Esel sprechen eine ähnliche Sprache und verstehen einander.

Als das Kind weinte, als aus allen Fugen des Stalls ein überirdisches Licht brach, als aus den Lüften Gesang und Musik erklang, wurden Ochs und Esel sehr nervös.

Der Mann klopfte ihnen die Hälse und redete ihnen gut zu. Als Ochs und Esel die Köpfe drehten, entdecken sie in ihrer Futterkrippe das Kind. Der Mann hatte die Krippe mit Heu gepolstert, und die Frau hatte das Kind in weiße Tücher gewickelt. Beide saßen vor der Krippe und schauten das Kind an.

»Meinst du, es hat es warm genug?«, fragte der Ochs den Esel. Der schüttelte den Kopf und sagte: »Wir könnten es wärmen.«

»Wie denn?«, fragte der Ochs.

»Anhauchen«, sagte der Esel, »mit unserem Atem. Der ist ganz warm.«

Der Ochs nickte. »Eine gute Idee. Geh du zu den Füßen, ich geh zum Kopf.«

»Einverstanden«, sagte der Esel, »aber dann wechseln wir ab. Ich will auch mal nach oben.«

So standen sie beide und wärmten mit ihrem lebendigen Atem das kleine Kind, und der Mann und die Frau sahen sehr froh aus.

Ein paar Tage später kam der Mann, dem der Stall gehörte. Er wollte den Ochsen und den Esel verkaufen. Der Käufer ging mit ihm. Er fragte nach dem Alter der Tiere. Genau wusste es der Besitzer nicht.

»Der Esel mag so fünfzehn Jahr alt sein, der Ochs ist noch älter.«

»So alt ...?«, sagte der Käufer. Es klang enttäuscht.

Der andere machte die Tür zum Stall auf, ging hinein und stieß einen lauten Ruf der Überraschung aus.

Der Käufer ging ihm nach: »Was ist?«

»Schau doch«, sagte der andere, »schau sie an!«

Ochs und Esel standen bei der Krippe, die jetzt leer war. Die beiden Männer und die beiden Tiere sahen sich an.

»Jung und schön«, sagte der Besitzer fassungslos, »das dichte glänzende Fell, die Augen, die festen Gelenke, die schönen Hörner – jung und schön –, ich versteh überhaupt nichts mehr.«

»Ein Wunder«, sagte der andere, »eins mehr aus jener Nacht. Die Leute reden allerlei ... und was ist mit dem Kaufen?«

Der andere sah noch immer auf die Tiere und schüttelte den Kopf. »Nein, nie, niemals ... das musst du verstehen. Sie kriegen das Gnadenbrot, solang sie leben – Wunder verkauft man nicht.«

# Kind sein dürfen

MAX FEIGENWINTER

Suche das Kind
das du letztlich bist:

Höre
was es dir leise sagen

und sieh
was es dir scheu zeigen will

Gib ihm
was es braucht

und nimm an
was es dir geben möchte

Nimm dir Zeit
gib ihm Raum
lass es wachsen

# Das Märchen vom Nussknacker

KATHARINA HEROLD

---

Der Geruch von Holzspänen durchzog die warme Stube, und beim knisternden Ofen lag ein müder, zufriedener Hund. An seiner Werkbank saß der alte Drechsler und ging versonnen und glücklich seiner Arbeit nach. Tag für Tag entstanden unter seinen geschickten Händen Holzrohlinge, die ordentlich aufgereiht in Reih und Glied in eine Pappschachtel gestellt wurden. Am Nachmittag kam dann die Frau des Drechslers in die Stube und verschnürte die gefüllten Kisten. Dann zog sie ihren Wintermantel an, der schon an einigen Stellen glänzte und auch fadenscheinig war. Schwer bepackt stapfte sie durch den knirschenden Schnee, um die hölzerne Ware ein paar Straßenzüge weiter abzuliefern.

Auch dort war die Stube wohlig warm. Viele flinke Hände waren damit beschäftigt, den Holzrohlingen Leben einzuhauchen. Hier wurde sortiert und geleimt. Es wurden rote, blaue und grüne Gewänder gemalt und ein Haarschopf drapiert. Spätestens mit dem Bemalen des Gesichtes schien es, als ob die Nussknacker zum Leben erwachten ...

Einer von diesen Nussknackern war der, von dem die folgende kleine Geschichte handelt. Nachdem er die Malerwerkstatt in einem Paket verlassen hatte, begann für ihn eine aufregende Reise. Es rumpelte in der engen und dunklen Kiste, und der Nussknacker war vor Erwartung ganz aufgeregt. Wohin sollte seine Reise gehen? Als die Schachtel nach einigen Tagen geöffnet wurde, traute er seinen Augen nicht. Er war in einem festlich geschmückten Verkaufsstand auf einem Weihnachtsmarkt gelandet, inmitten heller Lichter und Sterne. Nichts Besseres konnte mir passieren, dachte er für sich und war selig. So sehr ihn das bunte und heitere Leben ringsherum auch beeindruckte und freute, fühlte er sich schon bald in seiner Haut nicht wohl.

Es langweilte ihn, uninformiert in Reih und Glied zu stehen und streng und erhaben zu schauen. Wenn er die Weihnachtspyramiden beobachtete, die würdevollen Weihnachtsengel mit ihren schönen Gewändern oder auch die farbenfrohen lustigen Räuchermänner, dann verspürte er mehr und mehr den einen Wunsch: einmal aus der Reihe zu tanzen und bewundert zu werden. Wie froh und glücklich war er, als schließlich eine Kinderhand genau auf ihn zeigte und sich nach ihm ausstreckte. Bald darauf führte ihn sein Weg in ein adventlich geschmücktes Zimmer.

Doch seine Zufriedenheit währte nicht lange. Während Engel um ihn herum frohlockten, das bunte Personal einer Weihnachtspyramide im Kerzenlicht schwungvoll seine Drehungen vollführte und die Räuchermänner jeden Tag einen neuen Duft verströmten, hatte er eine, wie er fand, eintönige und dazu noch schwere Aufgabe. Sollte er wirklich tagein und tagaus mit dem Knacken von Nüssen verbringen? Der Nussknacker wurde von Tag zu Tag nachdenklicher. Zu allem Unglück zerbrach an einer besonders hartnäckigen Nuss auch noch sein hölzerner Unterkiefer. Bald darauf landete er als Umtausch dort, wo er herkam, auf dem Weihnachtsmarkt. So unbrauchbar stellte man ihn nicht zu den anderen Nussknackern, sondern legte ihn in eine dunkle Ecke unter den Tresen. Unser Nussknacker ahnte, dass seine Tage gezählt waren. Er war ganz still geworden und dachte in seinem Unglück an die hellen Tage auf dem Weihnachtsmarkt. Wie schön war doch die Zeit, als er zur Freude Großer und Kleiner die herrlichsten Nüsse knackte. Am Abend wurde er aufgeschreckt. Man warf ihn zum Müll. Die Lichter des Weihnachtsmarktes erloschen, und für den Nussknacker wurde es bitterkalt.

Fast hätte er sein Leben ausgehaucht. Es wurde immer dunkler um und in ihm. Er schreckte auf, als er plötzlich von etwas Kaltem und Feuchtem angestoßen wurde. Eine zarte und warme Zunge leckte an ihm. Wurde dem Unglücklichen da nicht gleich schon etwas wärmer? Dann griff eine raue, schwielige Hand nach ihm. „Nanu, kenne ich dich nicht?", murmelte eine vertraute Stimme wie zu sich selbst und schob das kaputte Fundstück in seine Tasche.

Nun lebte der Nussknacker wieder in der Dunkelheit. Wenn er schlafen konnte, träumte er von schönen großen Nüssen, mitunter auch von solchen, an denen man sich die Zähne hätte ausbeißen können. Wenn er dann wieder wach wurde, bedauerte er sich und sein Schicksal. Wenn es auch nicht mehr kalt und ungemütlich war, so fürchtete er sich davor, was als Nächstes geschehen würde. So vergingen ein paar Tage, in denen er immer wieder einmal von einem Brummen, einem Surren, einem Rascheln und manchmal auch von Schnarchen und Husten geweckt wurde. Fremd und einsam fühlte er sich hier, und gleichzeitig roch es so vertraut. Wo war er bloß gelandet?

Plötzlich wurde eines Abends an der Tasche gezogen. Da atmete er auf, denn er hoffte, nun endlich wieder Licht zu sehen. Wie freute er sich, als er eine ihm vertraute Umgebung erblickte. Der alte Drechsler betrachtete ihn eine Zeit lang und sprach nach einer weiteren Weile wie zu sich selbst: »Zum Nüsseknacken wird man dich nicht mehr gebrauchen können. Aber ich habe eine Idee.« Aus einer feinen Holzplatte sägte der alte Mann zwei Flügel und befestigte sie an seinem Rücken. Dann veränderte er geschickt noch ein wenig die Arme. Bald schon hielt der Nussknacker in seinen Händen Kerzen. Am Heiligen Abend entzündete der alte Drechsler diese für seine Frau, und der neu geschaffene Leuchtermann strahlte im warmen Kerzenschein. Als er die Freudentränen des alten Drechslerpaares sah, ahnte er, worum es an Weihnachten geht.

Was wir sind oder arbeiten, ist zwar wichtig. Aber mehr noch kommt es auf etwas anderes an: Freude zu bereiten und das Licht in der Welt zu vermehren. Als der alte Mann mit der bloßen Hand eine Nuss zerdrückte, sie seiner Frau reichte und diese sich mit einem Kuss dafür bedankte, da spürte der Leuchtermann noch einmal ein seliges Gefühl. Ein kleiner glücklicher Hund lag nahe beim Ofen, träumte und schnarchte ganz wohlig.

Weihnachten war da.

# Das Wunder der Heiligen Nacht

RAINER HAAK

—

Von der folgenden Geschichte erfuhr ich eher zufällig. Vor einigen Jahren besuchte ich meine Schwester. Wir redeten über dies und das und kamen dann auch auf Weihnachten zu sprechen. Schließlich trennten uns nur noch ein paar Wochen von der Adventszeit.

Da erzählte sie mir von ihrem Brieffreund Fritz Vincken, der vor Jahrzehnten in die Vereinigten Staaten ausgewandert war und seitdem die meiste Zeit auf Hawaii lebte. »Fritz hat mir vor zwei Jahren eine Weihnachtsgeschichte geschickt, eine, die er vor langer Zeit selbst erlebt hat, im Jahr 1944, kurz vor Kriegsende. Er war damals gerade zwölf Jahre alt. Und bis heute kann er nicht wirklich fassen, was damals passiert ist.« Das ist seine Geschichte:

Der 24. Dezember 1944 war ein besonders schöner Tag. Der wolkenlose Himmel gehörte der Sonne – und den alliierten Flugzeugen, die mit ihrer Bombenlast über Deutschland hinwegzogen. Es war bitterkalt.

Mit der Dunkelheit kam die Stille, und der Himmel gehörte wieder den Sternen über unserer tief verschneiten Lichtung. Ich saß mit Mutter in einer einsamen Waldhütte. Mein Vater hatte uns hier versteckt. »Bis der Krieg vorbei ist«, sagte er. Vater war an der Westfront. Und die Front kam unserer Hütte immer näher. Ich konnte sie schon hören.

Wir hatten zum Glück ausreichend Kartoffeln, Mehl, Nudeln und Haferflocken. Sorgen machte uns nur der Hahn, der mir bei einem meiner Ausflüge ins Tal zugelaufen war. Er wurde zwar immer dicker, aber krähte dafür auch immer lauter. Würde er unser Versteck verraten? Am Heiligen Abend musste ihn Mutter zum Schweigen bringen.

Ich saß im Halbdunkel. Mutter legte gerade einige Holzscheite nach. Am Ofen stand die Suppe mit unserem Hahn. Plötzlich klopfte es an der Tür. Hastig bliesen wir die Kerze aus. Dann klopfte es wieder. Wir öffneten. Draußen standen zwei halb erfrorene amerikanische Soldaten, ein dritter lag verwundet im Schnee. Sie waren bewaffnet. Ihre Augen flehten um Einlass. »Kommt rein«, sagte Mutter.

Die Amis legten ihren verletzten Kameraden auf meinen Strohsack. Sie konnten kein Deutsch, aber einer sprach Französisch. So konnte er sich mit Mutter verständigen. Die Amis dachten wohl, wir seien Wallonen. Der stämmige Bursche hieß Jim, der andere, schlankere, war Ralph. Harry, der Verwundete, dämmerte nun auf meinem Bett. Sie waren Versprengte, hatten ihre Einheit verloren und waren seit Tagen in den Ardennen umhergeirrt. Ohne Waffen und dicke Mäntel sahen sie aus wie große Jungen. So wurden sie auch von Mutter versorgt. Sie schnitt noch sechs ungeschälte Kartoffeln in die Suppe. Sie zu schälen war damals Verschwendung.

Ich deckte gerade den Tisch, da klopfte es wieder. Noch mehr Amis, dachte ich und öffnete. Ja, es waren Soldaten, vier Mann und alle schwer bewaffnet. Ihre Uniform war mir nach fünf Jahren Krieg wohl vertraut. Das waren Soldaten der deutschen Wehrmacht, unsere Soldaten. Ich war vor Schreck wie gelähmt. Auch als Zwölfjähriger wusste ich: Wer dem Feind hilft, hat sein Leben verwirkt.

Mutters Gesicht konnte ich nicht sehen, ihre Stimme klang ruhig. »Sie bringen aber eisige Kälte mit, meine Herren. Möchten Sie mit uns essen?« Die Soldaten grüßten freundlich und waren froh, im Grenzland zwischen den Fronten Deutschen zu begegnen. »Dürfen wir uns hier etwas aufwärmen?«, fragte der Ranghöchste, ein Unteroffizier. Er dachte dabei wohl auch an die Hühnersuppe, die bis vor die Tür duftete. »Natürlich«, sagte Mutter, »aber machen Sie um Himmels willen keinen Krawall. Es sind bereits drei Halberfrorene hier, von denen droht keine Gefahr.«

Der Unteroffizier begriff sofort. Sein Blick wurde dunkel. Mutter sprach streng: »Hört mal, ihr könntet meine Söhne sein, und die da drinnen auch. Einer hat einen Schuss im Bein, die anderen sind müde und hungrig. So wie ihr. Es ist Heiligabend und hier wird nicht geschossen. Legt das Schießzeug ab und kommt rein, sonst essen die anderen alles auf.«

»Tut, was sie sagt!«, befahl der Unteroffizier. Den Amis drinnen war die Gefahr nicht verborgen geblieben. Sie waren bereit, sich zu verteidigen. Mutter kaufte ihnen sofort den Schneid ab. »Jetzt wird gegessen!« Die Amis und die Deutschen saßen bald darauf an einem Tisch. Es war eng, alle waren irgendwie ratlos. Wie man sich in so einer Situation verhält, hatten ihnen ihre Ausbilder nicht beigebracht.

Mutter schnitt noch ein paar Kartoffeln in die Suppe. Einer der Deutschen setzte seine Brille auf und beugte sich über die Wunde des Amis. »Zum Glück ist sie nicht entzündet. Er braucht einfach Ruhe und ein kräftiges Essen«, sagte er. Der Unteroffizier holte Brot und Rotwein aus seinem Beutel. Am Tisch stand der dampfende Suppenkessel. Alle Blicke waren auf Mutter gerichtet. Wir reichten uns die Hände, Mutter sprach ein Gebet. Sie schloss mit den Worten: »Und bitte mach endlich Schluss mit dem Krieg.«

Beim Essen sah ich Tränen in den Augen der Soldaten. Aber jetzt waren sie keine Krieger mehr, jetzt waren sie Söhne. Nach der Suppe gab es starken amerikanischen Nescafé und Ananaspudding, den Jim in kleinen olivgrünen Dosen aus seinem Mantel gekramt hatte.

Vor der Hütte war es klirrend kalt. Mutter forderte uns auf, den am hellsten leuchtenden Stern anzusehen. »Das ist Sirius, unser Stern von Bethlehem. Der kündigt den Frieden an.« Aus der Nacht drang das dumpfe Bollern der Artillerie. Dann gingen wir schlafen.

Am Morgen bauten die Deutschen und die Amis eine Trage für Harry. Der Unteroffizier zeigte Jim und Ralph auf einer Karte den Weg zu den amerikanischen Linien. Ein deutscher Kompass wechselte den Besitzer. Zum Abschied umarmten sich alle und versprachen: »Wir sehen uns wieder, wenn alles vorbei ist.« Dann gingen sie fort, jeder in seinen Krieg. Mutter und ich winkten, bis sie im Wald verschwunden waren. Wir wussten, dass wir ein Wunder erlebt hatten. Ein Weihnachtswunder.

So hat Fritz Vincken seine Geschichte erzählt. Wie es weiterging mit ihm? Im Jahr 1959 wanderte er als junger Mann in die Vereinigten Staaten aus, ließ sich auf Hawaii nieder und eröffnete dort eine Spezialitätenbäckerei. Das Wunder von damals ließ ihn während der ganzen Zeit nicht mehr los. Er machte sich auf die Suche nach den Soldaten aus der Heiligen

Nacht. 1996 fand er Ralph in einem Altersheim; er hatte immer noch den Kompass, den ihm ein deutscher Soldat mit auf den Weg gegeben hatte. Fritz Vincken starb am 8. Dezember 2001; ein Jahr später wurde seine Geschichte in Kanada unter dem Titel »Silent Night« verfilmt.

Er wurde oft gefragt, wie er diese Heilige Nacht 1944 erlebt hatte. Seine Antwort: »Viele Jahre sind seit diesem blutigsten aller Kriege vergangen, aber die Erinnerungen an diese Nacht in den Ardennen sind in mir immer noch lebendig. Die Stärke meiner Mutter, einer einzelnen Frau, die durch Klugheit und Intuition ein Blutbad verhindert hat. Sie zeigte mir die praktische Bedeutung der Worte: ›Friede auf Erden und den Menschen ein Wohlgefallen.‹ Ab und zu, in einer klaren tropischen Winternacht, schaue ich hinauf in den Himmel zum hellen Stern Sirius, und es kommt mir jedes Mal vor, als würden wir uns wie alte Freunde begrüßen, in der Erinnerung an Mutter und diese sieben jungen Soldaten, die sich als Feinde trafen und als Freunde auseinandergingen.«

# Sternstunden

CLAUDIA PETERS

———

Ich wünsche dir Sternstunden,
Momente, in denen dir etwas klar wird
und einleuchtet,
funkelnde Sterne am Firmament deines Lebens,
die das Dunkel durchdringen.

Ich wünsche dir Sternstunden,
Augenblicke, die lange und gut nachklingen,
erfüllt von der Wärme
und dem Licht wirklicher Begegnungen,
die dich stark und mutig machen.

Ich wünsche dir Sternstunden,
Zeiten, in denen du zu dir selbst
und zur Welt kommst,
überraschend wie ein Geschenk
und ein guter Gedanke,
der dich weiterbringt.

Ich wünsche dir Sternstunden,
Erfahrungen, die so hoch und so weit
wie der Himmel sind,
unendlich wie ein geglückter Augenblick,
in dem dir Leben gelingt.

Ich wünsche dir Sternstunden,
in denen alles stimmt
und die ganze Welt zusammenklingt
wie ein Lied.

# Neue Wege

# Kurze Frohbotschaften

PAPST FRANZISKUS

—

Das Universum ist mehr als ein wissenschaftliches Problem; es ist ein freudvolles Geheimnis, Ausdruck von Gottes Liebe zu uns.

Und dies ist das erste Wort, das ich euch sagen möchte: Freude! Seid niemals traurige Menschen: Ein Christ darf das niemals sein! Lasst euch niemals von Mutlosigkeit überwältigen!

Ich kann mir keinen Christen vorstellen, der nicht lachen kann. Sehen wir zu, dass wir ein frohes Zeugnis unseres Glaubens geben.

Den Gott, der die Liebe ist, verkündet man, indem man liebt.

Um die Welt zu verändern, muss man denen Gutes tun, die nicht in der Lage sind, es zu erwidern.

Die Liebe ist das Maß des Glaubens.

# Vom Umgang mit der Zeit

NIKLAUS BRANTSCHEN

—

Nicht mehr Jahre ins Leben bringen, sondern mehr Leben in die Jahre. Nicht die Lebenserwartung um jeden Preis steigern, sondern die Lebensqualität fördern. Nicht Leben suchen, das noch mehr in die Breite geht, sondern Leben, das in die Tiefe geht.

Was mich betrifft, so beginne ich zu träumen …
Ich träume von einer Zeit, und sie ist schon da:
- eine Zeit, in der ich – Zeit habe,
- eine Zeit, in der ich nicht in den Zeiten herumirre, die mir nicht gehören – Vergangenheit, Zukunft –, sondern präsent bin,
- eine Zeit, in der ich bereit bin, die Pläne zu ändern, wenn die Situation sich verändert hat,
- eine Zeit, in der ich weiß: Das Leben beginnt, wo das ängstliche Planen aufhört,
- eine Zeit, in der ich weniger suche und mehr finde,
- eine Zeit, in der ich weniger in Sicherheit und mehr in Gewissheit lebe,

- eine Zeit, in der ich die Erfahrung mache, dass ich überall willkommen bin,
- eine Zeit, in der ich hinter jeder Mail, oder fast jeder, den Menschen sehe, der sie geschrieben hat,
- eine Zeit, in der ich weniger im Haben-Modus und mehr im Sein-Modus lebe,
- eine Zeit, in der ich weniger mache und mehr geschehen lasse,
- eine Zeit, in der ich nicht leiser-, wohl aber kürzertrete,
- eine Zeit, in der ich weiß: Ich bin wichtig, noch bevor ich etwas tue,
- eine Zeit, in der ich nicht mehr erklären muss, dass ein Christ Zen praktizieren kann – er kann!,
- eine Zeit, in der ich mit den Verstorbenen mehr Zwiesprache halte,
- eine Zeit, in der alles Mögliche mir nicht mehr möglich ist, sondern alles mir noch Aufgetragene sich wie von selbst ereignet, von »meinem Selbst« her,
- eine Zeit, in der ich nicht mehr im Segelboot sitzend rudere, sondern mich von tiefen Wassern tragen und von guten Winden bewegen lasse.

# Alles ist gleichzeitig da

DORIS BEWERNITZ

---

Alles ist gleichzeitig da.
Bin ich auch heute allein,
Weiß ich doch, dass ich geliebt bin,
Und kann mich freun.

Alles ist gleichzeitig da.
Wie alt ich auch bin, ich weiß,
Dass in mir immer wohnen
Ein Kind und ein Greis.

Alles ist gleichzeitig da.
Auch wenn jetzt nur die Christrosen blühn,
Schlafen doch unter der Erde
Veilchen und Tausendschön.

# Dankbar Leben

MARTIN KÄMPCHEN

—

Die Haltung der Dankbarkeit entfaltet sich nicht wie von selbst, man muss um sie kämpfen wie um jede bewusste innere Haltung. Dazu gehört eine Einübung in eine Haltung, die das Leben, besonders die eigene so gelebte Vergangenheit, bejahend annimmt. Diese Bejahung ist zunächst angelegt in der abendländisch-christlichen Überzeugung, dass alles Seiende gut ist: »... jedes Seiende, soweit es Seiendes ist, ist gut ...«, befindet Thomas von Aquin, und er fährt fort: »... wenn auch das Schlechte immer das Gute vermindert, so kann es doch niemals das Gute vollständig aufzehren ...«

Das eigene Leben anzunehmen bedeutet auch, das eigene Versagen und die eigenen Fehler klarsichtig anzunehmen, sie zu bedauern, zu bereuen und, wo sie anderen Menschen geschadet haben, sie wiedergutzumachen. Wir erinnern uns nicht nur an persönliche Schuld. Jeder von uns hat auch Schicksalsschläge erlebt, Krankheiten, Enttäuschungen in der Liebe und im Ehrgeiz, an denen wir schwer tragen.

Dann aber gilt es, sich die eigene Schuld zu verzeihen und das Unverschuldete als Faktum anzunehmen und danach mit »strenger Milde« sich selbst gegenüber das eigene Leben – als Teil des gesamten weltweiten Lebensprozesses – gutzuheißen, das heißt: es zu feiern. Wer sich durch alle Schicksalsschläge und alles Versagen hindurch die Haltung der Dankbarkeit erhält, dessen Leben darf man als gelungen bezeichnen.

Wie ist das möglich, die Haltung der Dankbarkeit einzuüben? Meine Methode ist: Bald nach dem Aufstehen bewege ich meinen Körper, vergewissere mich meines Lebendigseins und erfahre bewusst meine Umwelt. Zum Beispiel lockere ich den Körper mit gymnastischen Übungen, ich blicke hinaus in die Natur oder auf die Menschen und mache einen schnellen Gang. Ich setze mich in Verbindung mit mir und der Außenwelt. Darauf danke ich Gott, dass ich gesund aufgewacht bin, dass ich meinen Beruf ausüben, meine Familie und Freunde treffen, dass ich denken und fühlen, sprechen und schweigen darf – kurz, dass ich weiterlebe. Ich danke Gott, dass er mich bis zu diesem Tag ohne schwere tragische Verwicklungen durch mein Leben geführt hat. »Bis hierhin habe ich es geschafft – Gott sei Dank!«

Ich beklage nicht, was mir fehlt, sondern ich zähle auf, was ich habe und sein darf. Ich beklage nicht, wie alt oder krank und gebrechlich ich bin, sondern danke, dass ich lebe.

Ich mache mir bewusst, was ich trotz aller Not und Verluste noch habe: Leben, Gesundheit, einen wachen Geist. Wer so den Tag beginnt, erlebt eine therapeutische Umwandlung des Lebensgefühls. Man beginnt zu spüren, dass gerade in Krisenzeiten und bei Krankheiten oder im gebrechlichen Alter die willentlich gepflegte Dankbarkeit hilfreich ist. Sie ist ein Mittel gegen depressive Stimmungen, Melancholie, Angst und Verzweiflung. In Krisenzeiten kann die Dankbarkeit aus der Erinnerung an frühere Glücksmomente, an frühere Begnadung heraus entfacht werden. Erinnerung ist der Dynamo der Dankbarkeit.

Gerade die Dankbarkeit ist ein Mittel gegen das kräftezehrende Empfinden der Vergänglichkeit. Wer Dankbarkeit spürt, dessen Zeit flieht nicht, zumindest nicht hastig. Diese Haltung sucht die Kontinuität, sie ist auf lebenslange Dauer angelegt, sie wird eher intensiver, je grundsätzlicher man die Lebenssummen zieht. Dankbarkeit erfrischt die Lebensenergie. Das Leben, und sei es beschädigt, hat eine solche Kraft der Überzeugung zugunsten des Weiterlebens, dass Lebendigsein als solches Grund zur Dankbarkeit wird. [...]

Dankbarkeit setzt ein Gegenüber, ein Du voraus. Dankbarkeit gegenüber einer Sache ist unmöglich. Dankbarkeit sucht nach einer personalen Beziehung. Hier ist Danken mehr als Denken, es ist hin zu einem Du gesprochen. Wir sind einem Menschen dankbar, wir sind einem personalen Gott dankbar.

Selbst wenn wir uns »dem Schicksal dankbar fühlen« oder etwa dankbar für eine gute Mahlzeit sind, denken wir an Menschen, die für das Schicksal oder für die Mahlzeit verantwortlich sind. Auch Dankbarkeit als Haltung, die rückwärtsblickende, erkämpfte Dankbarkeit richtet sich an Personen, oft an eine Vielzahl, manchmal in das Dämmer der Vergangenheit entlassene, schon halb anonyme Personen.

Die Haltung der Dankbarkeit ist vielleicht die Summe des Danke-Sagens an Personen innerhalb eines Lebens. Wie Martin Buber darstellt, bleibt das Sprechen zu einem Du nicht ohne Folgen. Das sprechende Ich schwingt immer im Du mit und wandelt das Du um, ebenso wie das Du das Ich umwandelt. Dankbarkeit verwandelt das Du ebenso wie das Ich. [...]

Dankbarkeit entspringt der allgemeinen Erkenntnis, dass wir nicht allein leben können. Wir sind als Kinder abhängig von den Eltern, später von Lehrern, danach sind unsere Kinder und Schüler von uns abhängig. Im Beruf und im gesellschaftlichen Leben besteht eine Vielzahl von notwendigen gegenseitigen Abhängigkeiten, ohne die wir nicht leben können.

Diese Beziehungen der Abhängigkeit sind entweder naturgegeben oder gesellschaftlich unabwendbar. Dies einzusehen ist ein Akt der Demut; in diese Abhängigkeiten einzuwilligen demütigt niemanden. Es entsteht ein Kosmos von Beziehungen, der, wenn er harmonisch ist, einen Kosmos von Dankbarkeit entfaltet, und das heißt: von positivem Lebensgefühl, von positiver Annahme der Vergangenheit und Versicherung der Treue in der Zukunft.

Oben habe ich betont, dass Dankbarkeit auf Personen und einen personalen Gott gerichtet ist. Wenn die Haltung der Dankbarkeit in uns gefestigt ist und wir sie als Lebensinhalt schätzen, dann kann sich das Gefühl der Dankbarkeit über Personen hinaus ausbreiten: Wir sind dankbar der Schöpfung – der Natur, dem Wind, den Sternen. Eine kosmische Dankbarkeit entfaltet sich in uns.

Der Dankbarkeit wachsen Flügel. Der kosmische Dank ist oft das Lebensgefühl eines fortgeschrittenen Alters, in dem man rückblickend spürt, wie sich »alles wunderbar gefügt« hat, wie auch die eigenen Fehler im großen Lebensplan eingebaut sind und, entschuldigt, ihren Sinn bekommen haben.

Wir sind dankbar der Sonne, wir spüren Dank für jeden neuen Tag und sprechen den Dank jeden Morgen aus.

# Das eigene Leben leben

PIERRE STUTZ

—

Wenn es Ihnen nach einer langen Persönlichkeitsarbeit, auch dank einer Supervision, einem Coach, einer spirituellen Begleitung gelungen ist, einen gesunden Lebens- und Arbeitsrhythmus zu finden, in dem Sie gut gefordert und weder unter- noch überfordert sind, dann teilen Sie dies auf keinen Fall Ihrem Chef, Ihrem Team mit. Wo kämen wir hin, wenn Menschen nicht nur über eine gesunde Balance sprechen würden, sondern sie auch erreichen könnten!

Ich garantiere Ihnen, falls Sie mitteilen würden, dass Sie eine gesunde Work-Life-Balance erreicht hätten, dann würden Sie am nächsten Tag fünf neue Projekte auf Ihrem Schreibtisch vorfinden! In einer Welt, in der subtil das Lebensmotto »Ich bin im Stress, also bin ich!« täglich neu verbreitet wird, sind Menschen, die zum eigenen Wohle und zum Wohle eines lebensförderlichen Arbeitsklimas »Nein« sagen können, eine Bedrohung oder werden als Faulenzer müde belächelt!

Dies gilt nicht nur in der Privatwirtschaft, sondern gerade auch in helfenden und kirchlichen Berufen gehört es zum guten Ton, zu viel zu arbeiten. Dahinter steckt zutiefst jene einseitig-spirituelle Ansicht, vor allem leidend sein zu müssen. Zu einem Leben in Fülle gehören jedoch leichte und schwere Tage, helle und dunkle Stunden, genießen und mitfühlend sein. »Darf es mir auch gutgehen?«, heißt jene herausfordernde Frage, die helfen kann, auch gut für sich selbst zu sorgen, um authentisch kraftvoll und verwundbar sein zu dürfen.

In all den Jahren, in denen es für mich verboten war, aggressiv sein zu dürfen, litt ich immer wieder an depressiven Verstimmungen. Depressionen sind sehr vielschichtig und komplex. Sie können als organische Krankheit den Alltag vieler Menschen belasten. Depressionen können auch auftreten, wenn unsere Lebendigkeit beschnitten wird und wir durch überfordernde Idealbilder uns selber im Wege stehen. Andreas Bourani spricht mir aus dem Herzen, wenn er in seinem Song »Hey« einlädt, nicht so hart mit sich selbst zu sein. Ob es sich um depressive Stimmungen handelt, die durch einen belastenden Druck entstehen, oder um eine Krankheit: Ich empfehle in beiden Situationen genau hinzuschauen, wie es um die Erlaubnis im Leben steht, auch klar und deutlich seine Grenzen anmelden zu dürfen. Um diese unterbelichtete Seite der Aggression geht es auf einem spirituellen Weg der Selbstverantwortung. Ich nehme meine Verantwortung wahr und lerne zu entscheiden, was ich tun will und was nicht zu mir gehört. Manchmal braucht es auch eine professionelle Hilfe, um ausdrücken zu können, was ich kann und was ich nicht will. Ich kann dies dank einem gesunden aggressiven Grundimpuls immer mehr entdecken, wenn ich mir endlich mein Leben nehme, wie es die Luzerner Theologin Jacqueline Keune so gekonnt umschreibt: Heute ziehe ich mir nicht mehr zu große oder zu kleine Kleider und Schuhe an, die mich entfremden von meinem Weg. Heute nehme ich mir mein Leben und lasse mich nicht mehr leben und durch den Alltag peitschen. Ich gehe selbstbewusst meinen ureigenen Weg. Ich bin durch viele Krisen hindurchgegangen, um mir endlich zu erlauben, dem Leben zuliebe, mein Leben zu leben und auch Nein sagen zu können. Der Tatbeweis ist für mich da: Seit ich mir erlaube, Aggression, Ärger und Wut in meinen spirituellen Weg hineinzuweben, als Verwandlungspotenzial, bin ich weniger depressiv.

Leidenschaftlich gelassen
sich nicht alles gefallen lassen
sich schützen können
klare Grenzen ziehen

Leidenschaftlich gelassen
Sorge tragen für sich
konzentriert wahrzunehmen
was wirklich gut tut

Leidenschaftlich gelassen
eine falsche Versöhnlichkeit
schonungslos entlarven
unfaires Verhalten durchbrechen

Leidenschaft gelassen
Distanz schaffen
aus Respekt und Toleranz
einander weniger begegnen

Leidenschaftlich gelassen
sich jeden Tag erinnern
mehr zu sein
als dieser Konflikt

# Sinnvoll Leben

ERICH SCHECHNER

Der Mensch möchte eine für ihn sinnvolle Welt schaffen, in der er heimisch ist. Die Notwendigkeit einer sinnvollen Welt macht sich erst dann bemerkbar, wenn wir angesichts der uns überflutenden Ereignisse entdecken müssen, dass wir uns nicht in dem ursprünglich gebauten Heim befinden: Dann fühlen wir uns unheimlich und ängstlich. [...] Wir selbst sind es, die den Weg in unserer Existenz herausschlagen müssen. Er ist nicht präpariert, allerdings gibt es Wegweiser, den Weg zu finden. Wegweiser, Sinn zu erspüren, ist unser Gewissen; das Ziel ist, Werte im Leben zu verwirklichen. Wer eine Reise antritt, hat ein Ziel. In der Zielorientierung habe ich schon den Weg (Sinn) gefunden – ich bin auf Reisen, ich trachte nach (althochdeutsch: sinnan) einem Wert als Ziel.

Ohne Ziel irre ich im Gelände herum und stürze irgendwann ab oder bleibe sitzen und warte auf Hilfe durch ein sinnorientiertes Gespräch. Ohne einen Weg für mich gefunden zu haben, bin ich in einer Sinnlosigkeit, ohne Ziel unterwegs.

Wer einmal im Nebel vom Weg abgekommen ist, hat festgestellt, ohne Bezugspunkte im Gelände im

Kreis gegangen zu sein. Nur der Kompass, unser Sinn-Gerät, zeigt an, wo Norden, wo der nächste Wert liegt. Aber wie die Kompassnadel wird durch das Gewissen nur die Richtung angezeigt, nicht der Punkt, wo sich genau der Wert befindet, den wir erreichen wollen. Durch das Sinnorgan Gewissen orientieren wir uns auf dem Weg zum Ziel. Daher sind wir auch im Sturm und Nebel dazu ausgerüstet, anhand unseres Kompasses immer eine Orientierung zu haben.

Existenz – das Fortschreiten auf einem Weg zu einem Ziel hin – ist kein Leben, bei dem es um Selbstgenügsamkeit, Spaß und materielle Ansammlung geht, sondern mit Existenz ist für die Existenzphilosophie auch das grundlegende Element »Freiheit« gemeint. Ich und Du, jeder auf seinem individuellen Weg, hat bei Weggabelungen selbst über seine Ziele (Werte) zu entscheiden, wo wir gemeinsam oder getrennt hinreisen möchten. Freiheit zu Verantwortung, Freiheit und Verantwortung – das heißt: sich in freier Verantwortung für Werte zu entscheiden – bilden die zwei Seiten derselben Münze. Damit steht der Mensch in einem Spannungsbogen zwischen seinem Dasein und Sollen.

Das Sollen steht für objektive Werte der Außenwelt, wie zum Beispiel das Gute, das Schöne, das Wahre, die Liebe, der Frieden, die Gerechtigkeit etc. Und so taucht hier die Frage auf: Wer möchte ich in der nächsten Sekunde des Lebens in dieser Welt sein?

- Ein weltoffener Mensch? Ein zorniger Mensch?
- Ein liebender Mensch? Ein böser Mensch?
- Ein großherziger Mensch? Ein korrupter Mensch?
- Ein verantwortlicher Mensch? Ein kritisierender Mensch?

# Was wäre ...

HILDEGARD KÖNIG

wenn wir die schubladen
öffneten
und
in zurückhaltung
verschlossenem
raum und
ansicht böten
mehr als chaos
vielleicht
eine neue entdeckung
im alten

wenn wir die kategorien
auflösten
und
so und so
festgelegtem
die freiheit ließen
einfach zu sein

anders als gedacht
womöglich
keine angst mehr
vor fremdem

wenn wir die eigenen grenzen
nicht besetzt
hielten
für letzte norm
und
zum äußersten entschlossen
uns aufmachten
über sie hinaus
bestenfalls
kämen wir zu uns
oder noch weiter

wenn dem
aber so ist
was
hindert uns ...

wirklich?

# Vorsätze fürs neue Jahr

GISELA MATTHAEI

---

Im neuen Jahr werde ich nichts anfangen.
Ich werde keine Diät machen.
Ich werde mir kein neues Kleid kaufen.
Ich werde mir kein neues Urlaubsziel ausgucken.
Ich werde kein neues Instrument erlernen.
Ich werde mir keine neue Frisur zulegen.
Ich werde keinen neuen Sparvertrag abschließen.
Ich werde kein neues Möbelstück anschaffen.
Ich werde mich auf keine neue Stelle bewerben.
Ich werde mir kein neues Auto kaufen.
Ich werde keinen neuen Fitnesskurs besuchen.
Ich werde mir kein neues Hobby zulegen.
Ich werde mir keine neuen Pflanzen für den Balkon kaufen.

Stattdessen werde ich mal im Regal nach den ungelesenen Büchern sehen.
Ich werde meine Gitarre auspacken und probieren, welche Griffe ich noch kann.

Ich werde eine alte Freundin anrufen und mich erkundigen, wie es ihr in der Zwischenzeit ergangen ist.

Ich werde die Turnschuhe anziehen, die noch nicht zu sehr ausgelatscht sind, und damit einfach aufs Feld laufen.

Ich werde alle alten Gläschen und Dosen und Packungen mit Lebensmitteln aufbrauchen.

Ich werde den Lavendel vom letzten Jahr so hinstellen, dass er neu treibt.

Ich werde die Änderungsschneiderin fragen, ob sie mir das Kleid weiter machen kann.

Ich werde meine Kollegen jeden Morgen freundlich grüßen und dabei ansehen.

Ich werde im Keller nach den letzten Fläschchen Wein suchen und sie mit meinen Nachbarinnen trinken.

Ich werde überlegen, welche Art von Bewegung mir als Kind schon viel Spaß gemacht hat, und es nochmal versuchen.

Ich werde mich in die alte Decke wickeln, auf den Balkon setzen und in den Sternenhimmel blicken.

Dann habe ich nichts Neues angefangen und trotzdem nicht alles beim Alten gelassen.

# Die Glocken des neuen Jahres

JÖRG ZINK

Wir sind in den Tagen nach dem Fest auf dem Weg ins neue Jahr. Wenn ich an die Neujahrswünsche zurückdenke, die ich bewusst erlebt habe, dann fällt mir ein, wie ich in meiner Kindheit, lange vor dem Krieg, mit meinen drei Brüdern und meiner Mutter zusammen aus der Stadt Ulm hinausgewandert bin, mitten in der Nacht, sodass wir mit dem Schlag zwölf Uhr oben auf einem der Berge waren, die sich um Ulm herum erheben. Da fingen dann die Glocken des Ulmer Münsters an zusammen zu läuten, tief und voll und mit ihrer ganzen tragenden Kraft. Das neue Jahr hat durch meine ganze Jugend hin mit diesen Glocken begonnen, und in Gedanken höre ich sie immer noch, heute, wenn das alte Jahr vergeht und das neue beginnt.

Wenn ich im neuen Jahr zwischen den Streit der Völker und den darunter leidenden Menschen meinen Weg gehen will, dann sagen mir diese Glocken ungefähr dies: Es mag mir widerfahren, was will, es führt mich einer durch meine Jahre. Was um mich her geschieht, spricht zu mir und ruft mich auf, zu tun, was um der Menschen und um des Friedens willen getan werden muss. Was ich empfange an Kraft und Güte, ist ein Geschenk. Alle Wahrheit, die ich verstehe, alle Liebe hat mir einer zugedacht. Alles, was mir zufällt, fällt mir aus einer guten Hand zu. Was mir schwer aufliegt, ist mir auferlegt durch einen großen und wissenden Willen. So öffne ich mich dem, was kommt. Ich brauche nichts zu fürchten, auch nicht das Älterwerden, auch nicht das Abnehmen der Kräfte. Es hat alles seinen Sinn in den Gedanken Gottes. Wie sollte ich etwas fürchten, das Sinn hat? [...]

Es wird, sagt Jesus, ein Ende folgen, ein Ende der Weltgeschichte. Die Geschichte der Menschheit spielt zwischen der ersten Ankunft Gottes, die wir an Weihnachten feiern, und einer zweiten Begegnung mit ihm, jenseits aller Gräber, auf welche nicht vorstellbare Weise dies immer geschehen mag. Die Christenheit hat von dieser zweiten Begegnung mit Christus immer als von einem ›zweiten Advent‹, einer zweiten Ankunft gesprochen.

Paulus bezeichnet die Schrecken der Weltgeschichte als die Wehen, die die Welt durchzustehen habe, bis die neue geboren sei. Und Jesus spricht von einer Frau, die ein Kind unter Schmerzen zur Welt bringt, die aber, wenn das Kind geboren ist, nicht an die Angst und Qual denkt, die sie durchgemacht hat, sondern glücklich ist über das Neue, das Kind in ihren Armen (Johannes 16).

Die Weihnachtsgeschichte spielt nur in ihrem ersten Teil in einer fernen Vergangenheit. Aber schon da sagt sie uns: Das Kind in dir ist ungefährdet. Es wächst, es wird ans Licht treten. Die Bilder der Weihnachtsgeschichte erlauben uns zu träumen. Und wenn der Traum vom vollendeten Dasein keine Wahrheit hat, so ist das Fest der Geburt des Christus ganz und gar entbehrlich. In ihrem zweiten Teil spielt sie in der Zukunft, in unserem persönlichen Schicksal und im Schicksal der Menschheit. In der Begegnung mit Christus, der in Bethlehem ein Kind war, in Galiläa ein Mann und in Jerusalem der Leidende. Vor ihm verantworten wir uns an jenem Tag, an dem die Nächte dieser Erde hinter uns liegen, an jenem zweiten Advent, von dem ich mir keine Vorstellung mache und der ganz gewiss anders geschieht, als ich mir vorstellen würde.

Aber eines kann ich: Ich kann mir wünschen, dass seine Kraft in mir wirke. Dass seine Weisheit in mir sei. Seine Güte. Seine Leidensbereitschaft. Dann entsteht eine Gelassenheit in mir, in der ich stehen kann, und es entsteht eine Stille, die ich nicht aus mir selbst habe. Eine Gewissheit, die es mit aller Angst am Ende aufnimmt. Dann brauche ich mich gegen diese Welt und die Menschen nicht zu wehren. Sie gehören zu mir. Ich brauche niemanden zu hassen oder zu fürchten. Ich kann mir erlauben, auszusprechen, was andere verschweigen. [...]

Es ist dann allein wichtig, dass ich in Übereinstimmung bleibe mit dem Wort, das ich von Jesus Christus höre. Solange es in mir »wohnt«, wie Jesus sagt, bleibt mir im großen Meer der Täuschungen die Wahrheit, in der unendlichen Finsternis das Licht und am Ende in der grundlosen Tiefe des Todes das Leben.

Der Weg durch die Nacht in ein neues Jahr ergreift uns deshalb so elementar, weil er etwas an sich hat von dem großen Übergang von der Zeit in die Ewigkeit. Wir ahnen, dass das Ziel unseres Daseins Anbetung sein wird, nun nicht mehr in einem Stall, sondern in seinem Reich und in einem großen Licht.

## *Autorinnen und Autoren*

HEINRICH BEDFORD-STROHM: seit 2011 Landesbischof der Evangelisch-Lutherischen Kirche in Bayern, seit 2014 Ratsvorsitzender der Evangelischen Kirche in Deutschland | DORIS BEWERNITZ: freie Autorin in Berlin, schreibt Krimis, Romane, Kurzgeschichten, Erzählungen, Lyrik und Satiren | MAX BOLLIGER (1929–2013): Schweizer Schriftsteller und Kinderbuchautor | NIKLAUS BRANTSCHEN: Schweizer Jesuitenpater und Zen-Meister, Begründer des Lasalle-Hauses in Bad Schönbrunn, Autor | CATARINA CARSTEN: Journalistin und Autorin, Mitglied im österreichischen PEN-Club | MAX FEIGENWINTER: Schweizer Erwachsenenbildner und Autor | PAPST FRANZISKUS: Jorge Mario Bergoglio, Jesuitenpater, seit 2013 Papst der katholischen Kirche | RAINER HAAK: ev. Theologe und Schriftsteller | SIBYLLE HARDEGGER: kath. Theologin in der Schweiz, Präsidentin der »Kinderhilfe Bethlehem« | KATHARINA HEROLD: Autorin im Verlag am Eschbach | MARTIN KÄMPCHEN: Schriftsteller und Übersetzer (u. a. Rabindranath Tagores) im westbengalischen Shantiniketan in Indien | MARGOT KÄSSMANN: ev. Theologin und Autorin, 2012–2018 Botschafterin der EKD für das Reformationsjubiläum 2017 | THOMAS KNÖLLER: Unternehmer, Referent, freier Redakteur. Autor und Sprecher der kath. Rundfunkarbeit beim SWR, Geschäftsführer von soulcial. media | CORNELIS KOK: Mitarbeiter von Huub Oosterhuis in der Stiftung »Lehrhaus und Liturgie« und bei Lied-Projekten, Herausgeber und Übersetzer | HILDEGARD KÖNIG:

Professorin für Kirchengeschichte an der TU Dresden und TZI-Trainerin | EVA-MARIA LEIBER: viele Jahre in Schule und Gemeinde tätig, Autorin im Verlag am Eschbach | GISELA MATTHAEI: ev. Theologin, Erwachsenenbildnerin und Clownin | HUUB OOSTERHUIS: niederländischer Dichter und Theologe, Inspirator der »Ekklesia Amsterdam« | CLAUDIA PETERS: Lehrerin, Yogalehrerin, Autorin | ERICH SCHECHNER: sinnorientierter Psychotherapeut (Logotherapie, Existenzanalyse) mit eigener Praxis in Bonn | CHRISTOPH SCHÖNBORN: Kardinal und Erzbischof von Wien | ANDREA SCHWARZ: ausgebildete Industriekauffrau und Sozialpädagogin, heute pastorale Mitarbeiterin im Bistum Osnabrück, Referentin und Bibliolog-Trainerin, Autorin | STEPHAN SIGG: Schweizer Journalist und Kinderbuchautor | CHRISTA SPILLING-NÖKER: ev. Theologin und Pfarrerin a. D. mit pädagogischer und tiefenpsychologischer Ausbildung, Autorin | PIERRE STUTZ: kath. Theologe und spiritueller Lehrer, Referent und Autor | STEFAN WEIGAND: Leiter einer Agentur für Buch- und Webgestaltung, Konzeptionsberater für Buchprojekte, Fotograf und Autor | ULRIKE WOLITZ: Theologin, Autorin, Herausgeberin der Werke Silja Walters | JÖRG ZINK (1922–2016): ev. Theologe und Pfarrer, Vertreter der Friedens- und Ökologiebewegung, Autor.

# *Quellen*

S. 1: DORIS BEWERNITZ, zit. nach Kathrin Clausing/Ulrich Sander (Hg.), Jeden Augenblick leben. Glücksgedanken für jeden Tag des Jahres. Eschbach 2017, 274 © bei der Autorin. | S. 14: ANDREA SCHWARZ, Um Antwort wird gebeten. 52 Einladungen ins Leben, 88 © Patmos Verlag in der Verlagsgruppe Patmos der Schwabenverlag AG, Ostfildern 2016. | S. 15: THOMAS KNÖLLER, Weil du groß bist. Futter für die Seele, 98 © Patmos Verlag in der Verlagsgruppe Patmos der Schwabenverlag AG, Ostfildern 2017. | S. 16: PIERRE STUTZ, Bei sich selber zu Hause sein. Weihnachtliche Inspirationen, 8; 11 © Verlag am Eschbach in der Verlagsgruppe Patmos der Schwabenverlag AG, Eschbach 2017. | S. 18: STEFAN WEIGAND, Ein Mann, ein Wort. Adventskalender für Väter © Patmos Verlag in der Verlagsgruppe Patmos der Schwabenverlag AG, Ostfildern 2017. | S. 19: EVA-MARIA LEIBER, Licht des Friedens. Inspirationen zu Weihnachten © Verlag am Eschbach in der Verlagsgruppe Patmos der Schwabenverlag AG, Ostfildern 2017. | S. 20: EVA-MARIA LEIBER, Licht des Friedens. Inspirationen zu Weihnachten © Verlag am Eschbach in der Verlagsgruppe Patmos der Schwabenverlag AG, Ostfildern 2017. | S. 21: HEINRICH BEDFORD-STROHM, Alles ändert sich. Die Welt im Licht von Weihnachten, 76–80 © Patmos Verlag in der Verlagsgruppe Patmos der Schwabenverlag AG, Ostfildern 2016. | S. 26: HUUB OOSTERHUIS, Sei hier zugegen. Jesus von Nazareth nacherzählt. Herausgegeben von Cornelis Kok, 12–13 © Patmos-Verlag in der Verlagsgruppe Patmos der Schwabenverlag AG, Ostfildern 2017. | S. 28: © 2017 CORNELIS KOK. | S. 30: CHRISTOPH KARDINAL

SCHÖNBORN, Zeit des wachsamen Herzens. Ein Begleiter für Advent und Weihnachten. Hg. von Hubert Philipp Weber, 57–59 © Patmos Verlag in der Verlagsgruppe Patmos der Schwabenverlag AG, Ostfildern 2017. | **S. 33:** © ANDREA SCHWARZ 2017. | **S. 36:** HUUB OOSTERHUIS, Sei hier zugegen. Jesus von Nazareth nacherzählt. Herausgegeben von Cornelis Kok, 14–16; 20; 111–112 © Patmos-Verlag in der Verlagsgruppe Patmos der Schwabenverlag AG, Ostfildern 2017. | **S. 40:** SIBYLLE HARDEGGER/ STEPHAN SIGG, Die Kinder von Bethlehem. Eine Entdeckungsreise mit vielen Geschichten und Bildern, Rätseln und Rezepten, 34–45 © Patmos Verlag in der Verlagsgruppe Patmos der Schwabenverlag AG, Ostfildern 2017. | **S. 46:** HILDEGARD KÖNIG, Pause mit Engel. Meditationen für unterwegs, 110–111 © Patmos Verlag in der Verlagsgruppe Patmos der Schwabenverlag AG, Ostfildern 2017. | **S. 48:** CHRISTOPH KARDINAL SCHÖNBORN, »Ihr werdet ein Kind finden«, in: Zeit des wachsamen Herzens. Ein Begleiter für Advent und Weihnachten, 63–66 © Patmos Verlag in der Verlagsgruppe Patmos der Schwabenverlag AG. | **S. 51:** © 2017 MARGOT KÄSSMANN. Grundlage: Weihnachtspredigt 2014 (www.evangelisch.de/ predigten) | **S. 57:** HILDEGARD KÖNIG, Pause mit Engel. Meditationen für unterwegs, 109 © Patmos Verlag in der Verlagsgruppe Patmos der Schwabenverlag AG, Ostfildern 2017. | **S. 58:** HEINRICH BEDFORD-STROHM, »Freiheit leben«, in: ders., Alles ändert sich. Die Welt im Licht von Weihnachten, 114–122 © Verlag Patmos in der Verlagsgruppe Patmos der Schwabenverlag AG, Ostfildern 2016. | **S. 67:** © CHRISTA SPILLING-NÖKER, zit. nach: Jeden Augenblick segnen.

Segensworte für jeden Tag, 9. Dez. © Verlag am Eschbach in der Verlagsgruppe Patmos der Schwabenverlag AG, Eschbach 2016. | **S. 68:** © ULRIKE WOLITZ 2017. | **S. 72:** MAX BOLLIGER, Wunder geschehen ganz leise. 24 Weihnachtsgeschichten, 122-124; 126-127 © Verlag am Eschbach in der Verlagsgruppe Patmos der Schwabenverlag AG, Eschbach 2017. | **S. 76:** © DORIS BEWERNITZ 2017. Zit. nach: Kathrin Clausing (Hg.), Warum der Esel nur seinem Herzen folgt. Neue Weihnachtsgeschichten mit langen Ohren, 8-9 © Verlag am Eschbach in der Verlagsgruppe Patmos der Schwabenverlag AG, Eschbach 2107. | **S. 78:** © CATARINA CARSTEN 2017. Zit. nach: Kathrin Clausing (Hg.), Warum der Esel nur seinem Herzen folgt. Neue Weihnachtsgeschichten mit langen Ohren, 30-31 © Verlag am Eschbach in der Verlagsgruppe Patmos der Schwabenverlag AG, Eschbach 2017. | **S. 81:** MAX FEIGENWINTER, Einander Engel sein. Weihnachtliche Entdeckungen, 33 © Verlag am Eschbach in der Verlagsgruppe Patmos der Schwabenverlag AG, Eschbach 2017. | **S. 82:** KATHARINA HEROLD, Das Märchen vom Nussknacker © bei der Autorin; zit. nach: Ein Schneemann feiert Weihnachten. Geschichten zum Aufwärmen, 15-18 © Verlag am Eschbach in der Verlagsgruppe Patmos der Schwabenverlag AG, 2017. | **S. 87:** © 2017 RAINER HAAK. | **S. 93:** © CLAUDIA PETERS, zit. nach: Ulrich Peters, Auf Sternenstraßen. Wege durch den Advent mit Antoni Gaudí, 16 Dez. © Verlag am Eschbach in der Verlagsgruppe Patmos der Schwabenverlag AG, Eschbach 2017. | **S. 96:** PAPST FRANZISKUS, Follow Him! Frohe KurzBotschaften. Hg. von Burkhard Menke, 15, 5; 7; 16; 34, 25 © Patmos-Verlag in der Verlagsgruppe Patmos der Schwabenverlag AG, Ostfildern

2017. © der Papsttexte: 2013-2017 Libreria Editrice Vaticana | **S. 97:** NIKLAUS BRANTSCHEN, Zwischen den Welten daheim. Brückenbauer zwischen Zen und Christentum, 91-92 © Patmos Verlag in der Verlagsgruppe Patmos der Schwabenverlag AG, Ostfildern 2017. | **S. 99:** DORIS BEWERNITZ, zit. nach Kathrin Clausing/Ulrich Sander (Hg.), Jeden Augenblick leben. Glücksgedanken für jeden Tag des Jahres. Eschbach 2017, 274 © bei der Autorin. | **S. 100:** MÄRTIN KÄMPCHEN, wahrhaftig sein. 7 Schritte zur Lebenskunst, 100-104; 108-109 © Patmos Verlag in der Verlagsgruppe Patmos der Schwabenverlag AG, Ostfildern 2017. | **S. 105:** PIERRE STUTZ, Lass dich nicht im Stich. Die spirituelle Botschaft von Ärger, Zorn und Wut © Patmos Verlag in der Verlagsgruppe Patmos der Schwabenverlag AG, Ostfildern 2017. | **S. 109:** ERICH SCHECHNER, Entdecke deine Möglichkeiten. Viktor Frankl und die Entfaltung des Menschlichen, 128, 125 © Patmos Verlag in der Verlagsgruppe Patmos der Schwabenverlag AG, Ostfildern 2017. | **S. 112:** HILDEGARD KÖNIG, Pause mit Engel. Meditationen für unterwegs, 92-93 © Patmos Verlag in der Verlagsgruppe Patmos der Schwabenverlag AG, Ostfildern 2017. | **S. 114:** GISELA MATTHAEI, Übermütig. 52 Unterbrechungen, Umwege und Überraschungen, 8-9 © Patmos Verlag in der Verlagsgruppe Patmos der Schwabenverlag AG, Ostfildern 2017. | **S. 116:** JÖRG ZINK, Zwölf Nächte. Was Weihnachten bedeutet, 119-120; 124-125; 127 © Verlag am Eschbach in der Verlagsgruppe Patmos der Schwabenverlag AG, Eschbach 2009.

*Lesefreude*

ANDREA SCHWARZ
**Um Antwort wird gebeten**
*52 Einladungen ins Leben*
96 Seiten | Hardcover mit Leseband
Durchgehend zweifarbig, mit Abb.
ISBN 978-3-8436-0798-8 (Patmos Verlag)

REGINA GROOT-BRAMEL
**Blickkontakt mit dem Unsichtbaren**
*Biblische Auszeiten für jeden Tag des Jahres*
392 Seiten | Hardcover mit Leseband
ISBN 978-3-8436-0779-7 (Patmos Verlag)

GISELA MATTHIAE
**Übermütig**
*52 Unterbrechungen, Umwege und Überraschungen*
128 Seiten | Hardcover mit Leseband
Mit zahlreichen farbigen Abbildungen
ISBN 978-3-8436-0949-4 (Patmos Verlag)

KATHRIN CLAUSING / ULRICH SANDER (HG.)
**Jeden Augenblick leben**
*Glücksgedanken für jeden Tag des Jahres*
256 Seiten | Hardcover mit Leseband
Zweifarbig, durchgehend illustriert
ISBN 978-3-86917-555-3 (Verlag am Eschbach)

UWE WOLFF
**Das kleine Buch vom Schutzengel**
*Wie er dich durchs Leben leitet*
144 Seiten | Hardcover
Vierfarbig, durchgehend illustriert
ISBN 978-3-86917-530-0 (Verlag am Eschbach)